RUDY VANDERCRUYSSE

# HERZWEGE

RUDY VANDERCRUYSSE wurde 1949 in Belgien geboren. Nach dem Studium der Psychologie, Philosophie und Anthroposophie folgte eine berufliche Tätigkeit in der Psychiatrie und Psychotherapie sowie in der Lebens- und Unternehmungsberatung. Er ist Mitarbeiter am Friedrich von Hardenberg Institut für Kulturwissenschaften in Heidelberg und hat im Verlag Freies Geistesleben *Die therapeutische Dimension des Denkens* und *Wo bist du?* veröffentlicht.

RUDY VANDERCRUYSSE

# HERZWEGE

Von der emotionalen Selbstführung
zum meditativen Leben

Verlag Freies Geistesleben

Neuausgabe 2022

auch als eBook erhältlich

**Verlag Freies Geistesleben**
Landhausstraße 82, 70190 Stuttgart
www.geistesleben.com

ISBN 978-3-7725-3304-4


Umschlaggestaltung: Bianca Bonfert
Satz: Thomas Neuerer
Druck und Bindung: Druckerei C. H. Beck, Nördlingen
Printed in Germany

MIX Papier FSC® C019821

Klimaneutral Druckprodukt
ClimatePartner.com/12325-2204-1023

# Inhalt

# Vorwort zur Neuausgabe

Das Anliegen dieses Buchs war und ist vor allem praktischer Art: es möchte Anregungen geben für einen übenden Umgang mit dem eigenen Gefühlsleben, der auf seelischer Selbstbeobachtung und -entwicklung beruht. Seit der Erstausgabe bin ich auf meinem eigenen Weg weitergegangen und konnte mein Verständnis der inneren Praxis der «Selbstführung» vertiefen und konkretisieren. Diese Neuausgabe ermöglicht es mir, den Inhalt dieser Schrift enger in diesen Zusammenhang einzubetten. Während *Herzwege* auf die emotionale Selbstführung fokussiert ist, behandelt mein Buch *Ich und mehr als ich* (2011) auch die kognitiven und volitiven Funktionen («Denken» und «Wollen») ausführlicher, als es hier der Fall ist.[1] Aber den Quell der Selbstführung – die Ich-Tätigkeit – konnte ich erst 2021 in *Wo bist du?* annähernd formulieren.[2] Beide Schriften ergänzen die Neuausgabe der *Herzwege*. Im für diese Ausgabe hinzugekommenen Abschnitt «Ausblick» wird vor allem auf *Wo bist du?* Bezug genommen.

Selbstführung umfasst Selbstbefähigung. Dazu gehört nicht zuletzt die Ausbildung der Fähigkeit der emotionalen Intelligenz. «Emotionale Intelligenz» war die Bezeichnung, die durch Daniel Goleman gegen Ende des zwanzigsten Jahrhunderts populär wurde und an die ich meine Darstellung geknüpft habe. Ist diese Verbindung nun obsolet geworden? Weder die Kritik am Konzept noch die positive Aufnahme der brauchbaren Anregungen erachte ich heute als überholt. Im Gegenteil. Damals war von einer kollektiven emotionalen Krise die Rede. Ist diese überstanden? Es darf bezweifelt werden, ob die Bezeichnung «Krise» heutzutage noch in ausreichender Weise die Entwicklungen umfasst, deren Zeuge wir sind. Bei einer Krise denken wir eher an einen vorübergehenden mehr oder weniger unangenehmen, unerwünschten Zustand, der durch geeignete Maßnahmen schnellstmöglich wieder in die herbeigesehnte «Normalität» zurückgeführt werden soll. Die Maßnahmen sollen Politiker und Experten für uns ausklügeln, das ist deren «Job»; wir selbst versuchen uns inzwischen abzusichern. Es scheint vielmehr angemessen, von einer bedrohlichen Erkrankung des gesellschaftlichen Lebens zu reden; einem Krankheitsprozess, der in eine kritische Phase eingetreten ist, in der sich entscheidet, ob der Patient wieder gesund wird oder an seiner Krankheit verstirbt. Vielleicht wird er nie mehr wieder so sein wie vorher. Und es wäre möglicherweise wenig hilfreich, wenn er zu seinem krankmachenden Zustand zurückkehren würde. Als die Patientin eines holländischen Arztes, der ihr ein Rezept verschrieben hatte, fragte: «Und, Herr Doktor, werde ich dann wieder die Alte werden?», erwiderte er: «Hoffentlich nicht!»

Seit 2005 ist das World Wide Web allgegenwärtig geworden. (Schon Kleinkinder laufen mit Smartphones umher: Ein gelangweilter Dreijähriger wischt mit seinem Finger am Fenster des stillstehenden Zugs, damit eine andere Landschaft erscheint, und er ist frustriert, dass es nicht funktioniert.) Das unmittelbare Abfragen von «gefällt oder gefällt nicht» regt auch bei Erwachsenen nur die oberflächlichste Gefühlsschicht an, es mobilisiert subjektive Anziehung oder Abstoßung und verhindert differenzierte Urteilsbildung und individuelle Entscheidungsfindung. Anonymität und fehlende Konsequenzen verführen zu gröbsten und destruktiven, seelisch ansteckenden Gefühlsäußerungen – Stichwort «Hass im Netz». Standardisierte Emojis ersetzen eine genaue Selbstwahrnehmung sowie die Ausbildung eines individuellen Ausdrucks. Dies sind noch relativ äußerliche Illustrationen des emotionalen Verfalls der letzten Jahrzehnte. Im öffentlichen Raum wird ein Angstklima geschürt; zugleich wird moralischer Druck ausgeübt, was zu einer erzwungenen Sozialität führen soll; «Emotionalisierung» wird als berechtigte Maßnahme zur Beeinflussung von Überzeugungen und Entscheidungen eingesetzt; «Betroffenheit» erfährt oft einen höheren Stellenwert als Sachlichkeit. All das wirkt sich auf das Innenleben des Einzelnen aus und beeinflusst die Qualität menschlicher Begegnungen. Wenn es hier um eine Krise geht, dann um eine sehr umfassende und entscheidende, in der die Menschenwürde empfindlich berührt wird. Bereits 2005 musste ich darauf hinweisen, wie schnell aus emotionaler Intelligenz eine sozialdarwinistisch gefärbte Erfolgsintelligenz geworden ist. Diese trägt leider nicht zur Gesundung der menschlichen Verhältnisse bei. Im Grunde geht es längst nicht mehr nur um die Überwindung einer kollektiven emotionalen Krise. Es muss tiefer angesetzt werden. Wer sind wir? Was macht uns als Menschen aus? Wie wollen wir leben? Erleben wir uns selbst als *Akteure*, die mit ihrer genetischen Ausrüstung und den vielen Milieu-Einflüssen wertend und selektiv umzugehen haben? Wollen wir unser eigenes Leben, unsere Zukunft mitgestalten? Wie stehen wir dann zu unserem eigenen Seelenleben? Welchen Stellenwert geben wir unseren Gefühlen, Stimmungen und Emotionen im Gesamtzusammenhang mit unserer Existenz und unserer Weiterentwicklung? Auf jeden Einzelnen kommt es an, wie sie oder er die individuelle Resilienz und Gesundheit stärkt. Wer sich bereits als aktive Instanz erlebt, wird einen leichten Zugang zu den hier geschilderten Anregungen finden. Wer bezweifelt, ob sie oder er wirklich ein aktiver Faktor im eigenen Leben werden kann, wird entdecken, dass die Übungen sehr dabei helfen, sich als solchen erleben und seinen Einflussbereich ausdehnen zu können.

Das Erleben der eigenen bewussten inneren Tätigkeit kann als Ich-Tätigkeit bezeichnet werden und führt über seelische und mentale Mechanismen, Prozesse und Dynamiken hinaus. Das heißt, dass «das Ich» nicht einfach nur psychologischer Natur ist; das Erleben der eigenen Tätigkeit in der Auseinandersetzung mit dem eigenen Seelenleben ist das erste geistige Erlebnis, das jedem Menschen zugänglich ist. Es ist nicht nur das Tor zu einer gegenwartsgemäßen «spirituellen Psychologie», sondern überhaupt die

Schwelle zu einer geistigen Erkenntnisweise, aus der Zukunftsimpulse für die Gesundung des gesellschaftlichen Lebens kommen können. Diese «geistige Welt» kann nicht äußerlich im Sinne der heutigen Wissenschaft erforscht werden, sondern nur in der Art, wie wir das Ich selbst erleben. Auch das Ich ist einer Dritte-Person-Perspektive nicht zugänglich. Es geht letztlich um die Selbstbefähigung zu einer «spirituellen Intelligenz». Zu ihrer Ausbildung wird hier die Meditation als Königsweg beschrieben. Es geht dabei nicht nur um Entspannung, um Urlaub vom Stress, um Flucht aus einem seelentötenden Alltag, um körperliches Wohlbefinden, sondern darüber hinaus um eine Empfänglichkeit für Ideen und Impulse, die unsere Zivilisation und Kultur vor dem weiteren Verfall, der vom technischen Fortschritt nur verdeckt wird, bewahren können. Meditation, wie sie hier verstanden wird, lenkt nicht nur in das Geistige «hinauf», sondern öffnet auch den Blick für gesundende Entwicklungsmöglichkeiten «hier unten». Es soll auch keine Rückkehr zu älteren, rational nicht zugänglichen Bewusstseinsformen mit sich bringen, sondern ganz in der Bewusstheit der Ich-Tätigkeit stattfinden. Nur so kann die individuelle Freiheit und Autonomie aufrechterhalten werden. Aus diesem Grund enthält der «Ausblick» auf Seite 157 eine kurze Skizze der «Ich-Meditation».

# Einleitung

> «Es ist Zeit, dass der Stein sich zu blühen bequemt,
> dass der Unrast ein Herz schlägt.»
>
> *Paul Celan*[3]

Seit Jahrzehnten kann eine erstaunliche Zunahme des Interesses für den emotionalen Bereich des Menschen konstatiert werden. Psychologen, Philosophen und Neurologen haben sich vermehrt dem Thema zugewandt. Eine Flut von Veröffentlichungen, die das menschliche Selbstverständnis betreffen, ist die Folge. Demgegenüber mutet die Äußerung des amerikanischen Behavioristen Max F. Meyer grotesk und überheblich an. Im Jahr 1933 schrieb er: «Der Wal zeichnet sich unter den Fischen in zweifacher Weise aus. Aus der Ferne betrachtet sieht er wie ein besonders großer Fisch aus. Bei genauerer Untersuchung erweist sich dann aber, dass er überhaupt gar kein Fisch ist. Ein ähnliches Schicksal sage ich der Emotionstheorie … voraus. Die Psychologie … braucht sich, als noch sehr junge Wissenschaft, nicht der Tatsache zu schämen, dass sie einigen Unsinn loswerden muss, der sich während ihrer Kindheit angesammelt hat.»[4]

Heute ist der Emotionsbereich nicht nur ein dicker Fisch, er wird als besonders repräsentativ für das Leben im Meer der menschlichen Psyche betrachtet. In ihm verdichtet sich gewissermaßen die weitläufige Vielfalt psychologischer Prozesse, von ihm gehen dynamische Verbindungen zu allen anderen Seelentätigkeiten aus. Ein charakteristisches Ergebnis der neueren Forschung liegt in dem Aufzeigen der engen Verwobenheit des menschlichen Denkens und Fühlens: das eine geht nicht ohne das andere. Kognitive Emotionstheorien betonen zum Beispiel die Bedeutung der Gedanken beim Zustandekommen von Gefühlen. Umgekehrt weisen Neurowissenschaftler darauf hin, wie das Fühlen bis in feinste Verästelungen des Denkens unabdingbar ist. Urteilsbildung und Entscheidungsfindung kommen zu keinem brauchbaren Abschluss, wenn zum Beispiel Gehirnstrukturen, die ein Substrat für emotionale Vorgänge abgeben, beschädigt oder zerstört sind.

Diese aktuellen Entwicklungen sind mit meinen eigenen Überlegungen verwandt, obgleich diese zunächst auf einem anderen Wege zustande kamen. Es war eine intensive Beschäftigung mit dem Denken und seiner Ausbildung über das bloß Verstandesmäßige hinaus, die mir die Bedeutung einer bewussten Pflege des Gefühlslebens förmlich aufdrängte. Einerseits muss das Denken «emotionsfrei» sein können, das heißt: nicht Wünsche, Vorlieben und Abneigungen sollen den Gedankengang bestimmen, sondern der begriffliche Inhalt des Gedachten. Dazu ist das Erüben und das Ausüben einer gewissen «Gefühlskontrolle» erforderlich. Andererseits weiß ich nicht, was richtig und wahr sei, wenn ich dafür kein «Organ» habe, und das scheint fein-gefühlsmäßiger Art zu sein, reden wir doch von «Gefühl für Logik» und «Wahrheitsgefühl». Vielleicht wird uns dies am leichtesten in seiner Negativform bewusst: im Gefühl der Unstimmigkeit. Darauf machte mich sogar meine Ferienlektüre aufmerksam. Über den berühmten literarischen Kommissar Montalbano wurde zum Beispiel an einer bestimmten Stelle gesagt: «Nein, wie man die Geschichte auch drehte und wendete, sie war nicht stimmig. Doch da kam ihm eine Idee.»[5] Montalbano hatte intensiv über die Geschichte nachgedacht, und dabei verriet ihm sein Gefühl, dass etwas nicht stimmte. Gut, dass er es bemerkte! Wenn er sein Gefühl nicht beachtet hätte (was aus Ungeduld oder Frustration möglich gewesen wäre, oder weil er sich in eine Wunschversion verliebt hätte), wäre ihm vielleicht nicht die zündende Idee gekommen. So können Gefühle den Mutterboden gedanklicher Kreativität bilden.

So spürte ich bereits während der Arbeit an meinem Buch *Die therapeutische Dimension des Denkens*[6], dass eine Fortsetzung – etwa auf die «kognitive Dimension des Fühlens» hin – erforderlich sein würde. In seiner Auseinandersetzung mit der Psychoanalyse seiner Zeit wies Rudolf Steiner unter anderem auf die Bedeutung der Erkenntnisstimmung des Gefühlsverhältnisses zum jeweiligen Erkenntnisgegenstand hin, zum Beispiel bei der Erforschung der Sexualität beziehungsweise des menschlichen Liebeslebens. Also, nicht nur innerhalb der Denktätigkeit selbst, sondern auch gegenstandsbezogen spielen das Fühlen und die Gestimmtheit der Seele eine wesentliche Rolle.

Die naturwissenschaftlich-technische Erkenntnishaltung unserer Zeit möchte das am liebsten negieren. Sie fordert einen objektiv-unpersönlichen, verstandesmäßigen Blick auf das, was sie untersucht und manipuliert – am liebsten unter Einschaltung von Messgeräten, die womöglich auch noch sich selbst «ablesen». Das hat gute Gründe, aber spätestens wenn es um Menschen geht, kann es einem widerstreben, dass der Anspruch erhoben wird, auf diese Weise Wesentliches aussagen zu können. Möchten Sie einem objektivierenden Urteil über eine geliebte Person – zum Beispiel auf der Grundlage psychologischer Tests – das letzte Wort über sie einräumen? Ist auf dieser Basis eine personale Perspektive, geschweige denn eine Ich-Du-Begegnung möglich? Goethe setzt dagegen: «Man lernt nichts kennen, als was man liebt.»[7] Und er bezieht sich nicht einmal ausschließlich auf Menschen, sondern beispielsweise auch auf die Natur: Für jeden Erkenntnisgegenstand gilt, dass ich mein Herz für ihn öffnen, ihn respektieren, mich auf ihn einlassen, mich ihm innerlich angleichen muss, wenn ich ihm in seinem Wesen begegnen will. Das impliziert eine aktive Gefühlskultur, die nicht nur allzu persönliche Sympathien und Antipathien zügelt, sondern Raum schafft für die Wesensqualität des Erforschten. Dieses kann sich dann in diesem Raum in einer Art aussprechen, für die der bloße Verstand taub ist. Eine höhere «Objektivität» wird möglich, für die die Schule der Naturwissenschaft vorbereitend sein kann. Das Herz ist dann nicht mehr bloßes Klangbrett des subjektiven Seelenlebens, sondern zum Erkenntnisorgan geworden. Im Grunde sind Denken und Fühlen dabei eine Verbindung auf höherer Ebene eingegangen, sind zu einer Art von Herzdenken geworden. Einen solchen Weg wird derjenige gehen wollen (und können), dessen Erkenntnissehnsucht selbst ein Herzensbedürfnis ist.[8]

Diese Schrift möchte deswegen auf ein bestimmtes Verständnis von Meditation hinführen. Damit sei hier nichts anderes gemeint als der aktive Versuch, Inhalte (verschiedener Art) im gereinigten Herzensraum sich entfalten und offenbaren zu lassen. Sie enthüllen dadurch eine seelisch-geistige Wesens- und Wirkungsseite, die den äußeren Sinnen verborgen bleibt. Das Herz selbst ist im Besonderen für Wärmeerlebnisse empfänglich, die auf Entwicklungsmöglichkeiten hinweisen. Anknüpfend an eine Veröffentlichung des Jahres 2000 möchte ich diese Erkenntnisform «spirituelle Intelligenz» nennen.[9] Ausgehen möchte ich von dem, was im letzten Jahrzehnt als «emotionale Intelligenz» bekannt geworden ist und sich zumindest als Konzept einer gewissen Popularität erfreut. Daniel Goleman beispielsweise propagiert ihre Ausbildung – vernünftig mit Emotionen umgehen lernen – als die dringend notwendige Abhilfe für die emotionale Krise der Gegenwart.[10] Diese äußert sich in zahlreichen Symptomen wie Vereinsamung, Ängsten, Depressionen, Drogenkonsum und Gewaltbereitschaft. Durch das Abnehmen von «Tugenden» wie Selbstbeherrschung und Mitgefühl macht sich sozial-moralisches Elend breit. Goleman zufolge wird es zur Überlebenssache, ob wir uns zur Selbstführung im emotionalen Bereich befähigen oder nicht.

Ich möchte dem keineswegs widersprechen, sondern eine tiefere Schicht hinzufügen: Nur die Ausbildung einer spirituellen Intelligenz durch Herzdenken vermag der Wirklichkeitskrise (die – wie ich glaube – der eben genannten zugrunde liegt) zukunftsträchtig zu begegnen. Die Wirklichkeitskrise besteht in der Reduzierung der Welt und des Menschen auf ihre materiellen und körperlichen Faktoren und Elemente.[11] Der EQ (Emotionsquotient) wurde zu rasch zum «EQ hoch zwei» (Erfolgsquotient).[12] Als solcher entpuppt er sich paradoxerweise wieder als ein Werkzeug wirtschaftlicher Interessen. Davon wird die Welt als Ganze – die «globalisierte» – nicht notwendigerweise besser. Die spirituelle Intelligenz, wie ich sie hier meine, ist davor geschützt durch die in die selbstlose Erkenntnistätigkeit einfließende Liebekraft, die sich zweckfrei für das Werdende öffnen kann.[13] Im Übrigen schließt sie emotionale und Erfolgsintelligenz weniger aus als vielmehr ein, insofern auch der geistig strebende Mensch in der Welt wirksam und hilfreich tätig sein will. Aber EQ und $EQ^2$ können unabhängig von der Spiritualität erworben werden. Und weil sie an sich so vielversprechend sind, besteht dann die Gefahr, dass der weiter führende geistige Herzweg aus dem Blick und in Vergessenheit gerät.

In einem ersten Kapitel skizziere ich das Konzept der emotionalen Intelligenz, wie es durch Daniel Goleman zur öffentlichen Wirksamkeit gebracht wurde, und versuche, die Grenzen dieses Konzepts aufzuzeigen. Andererseits entwickle ich aus ihm sechs Eigenschaften, die in anderer Form und im Rahmen der Ausbildung geistiger Erkenntnis im Werk Rudolf Steiners auftauchen. Sie werden im zweiten Kapitel der inneren Praxis zugänglich gemacht, so wie es sich in den vergangenen Jahren in Seminaren bewährt hat. Ihr «Herzstück» ist die Verwandlung des Gefühlslebens selbst. Diese wird im dritten Kapitel beschrieben, das die Brücke zur Meditation bildet. Die Meditation selbst bildet den Inhalt des Schlusskapitels.

# Kapitel 1
Emotionale Intelligenz

> «Ebenso kann ein jeder leicht in Zorn geraten … Das Wem, Wie viel, Wann, Wozu und Wie zu bestimmen ist aber nicht jedermanns Sache und ist nicht leicht.»
>
> *Aristoteles*[14]

## 1. Warum wird ein Buch über den EQ zum Bestseller?

Als der Harvard-Psychologe und Wissenschaftsjournalist Daniel Goleman 1995 sein Buch *Emotional Intelligence. Why it can matter more than IQ*[15] veröffentlichte, konnte er vermutlich nicht voraussehen, wie sein Leben sich dadurch verändern würde. Das Buch wurde in über dreißig Sprachen übersetzt und viele Millionen Male verkauft. Daniel Goleman selbst wurde zu einem der teuersten Referenten und Unternehmensberater der Welt. Wie lässt es sich verstehen, dass ein Buch über emotionale Intelligenz zu einem Weltbestseller wird?

Wir nannten in der Einleitung schon die kollektive emotionale Krise, auf die Goleman sich bezieht und die er für dermaßen bedrohlich hält, dass seine Bemühungen im vierten Kapitel seines Buches in ein groß angelegtes Erziehungsprogramm münden. Aber er weist auch auf andere Phänomene hin. Zum Beispiel die Beobachtung, dass die rationale, schulische Intelligenz, wie sie bisher durch dazu geeignete Tests als Intelligenzquotient (IQ) gemessen wurde, nur in begrenztem Maße den zukünftigen Erfolg im Leben und Beruf voraussagen lässt. Zum Beispiel hat man an 95 Harvard-Studenten mit relativ breit gestreutem IQ den Lebensweg bis ins mittlere Alter verfolgt. Es war nicht so, dass diejenigen mit den besten akademischen Ergebnissen sonderlich erfolgreich waren – im Vergleich mit ihren akademisch schwächeren Kollegen. Sie waren auch nicht die glücklichsten, was ihre freundschaftlichen und familiären Beziehungen betrifft. Letztlich bestimmt die emotionale Intelligenz (EQ), wie erfolgreich die rational-kognitiven Fähigkeiten eingesetzt werden können. Deswegen wird sie eine «Metafähigkeit» genannt: eine Fähigkeit, von der es abhängt, wie gut wir andere Fähigkeiten zu nutzen verstehen. Ihr sollte somit die größere Aufmerksamkeit und Pflege gelten.

Und nicht zuletzt spielen die großen Fortschritte der Gehirnforschung eine bedeutende Rolle. Die Neunzigerjahre des vorigen Jahrhunderts wurden ein Jahrzehnt des Gehirns genannt.[16] Durch neue Methoden wie PET (Positronen-Emissions-Tomografie) ist es möglich geworden, nicht nur die Anatomie, sondern auch die Funktionsweisen des Gehirns genauer kennenzulernen. Ausgehend von der Vorstellung, dass aktive Hirnpartien mehr Energie brauchen und stärker durchblutet werden als ruhende, kann durch radioaktive Markierung des Brennstoffs (Glykose), der im Blut transportiert wird, verfolgt werden, welche Hirnpartien bei unterschiedlichen Tätigkeiten beansprucht werden. Diese Prozesse können auf einem Bildschirm veranschaulicht werden. Die Untersuchungen bezeugen die enge Verbindung von kognitiven und emotionalen Prozessen (bzw. der Hirnstrukturen, die dabei aktiviert werden).

Der Neurologe Antonio Damasio[17] beschreibt einen Patienten, – er nennt ihn Elliot –, dem ein Tumor hinter der Stirn entfernt wurde. Die Operation galt als gelungen, aber Elliot war «nicht mehr derselbe». Seine Persönlichkeit hatte sich sehr verändert. Zuvor ein erfolgreicher Rechtsberater und vorbildlicher Vater und Ehemann, verlor er seine Stellung und seine Ersparnisse –

die Stellung, weil er seine Arbeitszeit nicht mehr einteilen konnte und alle diesbezüglichen Hinweise und Ermahnungen von Kollegen und Vorgesetzten fruchtlos blieben, die Ersparnisse, weil er erstaunlich kurzsichtige finanzielle Entscheidungen traf. Seine Frau verließ ihn, schließlich musste er sein Dasein im Gästezimmer seines Bruders fristen, weil ihm eine Invaliditätsrente verweigert wurde. Was war los? Elliot wirkte freundlich und charmant, seine Intelligenz und seine Fähigkeit, sich der Sprache zu bedienen, seine Bewegungen, waren unbeeinträchtigt, seine körperliche Verfassung war wieder gut. War er faul geworden? War er ein Simulant? Morgens musste er gedrängt werden, damit er aufstand und zur Arbeit ging. Am Arbeitsplatz schien er sein eigentliches Ziel aus den Augen zu verlieren, blieb in bestimmten Tätigkeiten hängen oder legte eine übermäßige Detailbesessenheit an den Tag, sodass ihm keine Aufgabe mehr überlassen werden konnte, die zu einem bestimmten Zeitpunkt auf angemessene Weise erledigt sein musste.

Damasio musste beurteilen, ob hier ein echter Krankheitsfall vorlag. Ihm fiel Elliots emotionale Zurückhaltung und «Gelassenheit» auf. Dieser erzählte leidenschaftslos seine tragische Geschichte, als ob es einen anderen betraf: ohne Kummer, Ärger oder Angst; Damasio regte sich mehr auf als Elliot selbst. Bei allen möglichen psychologischen und neurologischen Tests, die kognitive Fähigkeiten maßen, schnitt Elliot gut ab: sein Intelligenzquotient lag im oberen Bereich, Wahrnehmungsfähigkeit, Lang- und Kurzzeitgedächtnis, Lernfähigkeit sowie Sprach- und Rechenfertigkeit usw. waren intakt. Offenbar war «nur» die Fähigkeit gestört, Entscheidungen zu treffen. Damasio kam zu dem Schluss, dass dies auf Elliots «Gefühlsblindheit» zurückzuführen war, durch die er unfähig war, den logischen Alternativen oder den verschiedenen Handlungsmöglichkeiten einen bestimmten Wert zuzuweisen – vor allem was sie ihm selbst, seinen Bedürfnissen und Zielen bedeuteten. Als Neurologe führte Damasio diese Gefühlsblindheit auf die Beschädigung der Präfrontallappen im Gehirn zurück, die den Neocortex von tieferen Hirnzentren trennte. Der Neocortex bildet die organische Grundlage der Denkfähigkeiten, die tieferen Hirnzentren sind die organische Grundlage für die Bewusstwerdung emotionaler Vorgänge.

Aber wie das Leib-Seele-Problem auch gedacht wird, an dieser Stelle interessiert uns, dass nicht nur starke Emotionen das logische Denken aus der Bahn werfen können, sondern dass auch die fehlende Wahrnehmung der eigenen Gefühle das Leben ruinieren kann – trotz intaktem Verstand –, weil das Abwägen beim Urteilen und Entscheiden zu keinem fruchtbaren Ergebnis kommt. Es bleibt bei einem unschlüssigen Gewurstel zwischen Pro und Kontra. Oder in Damasios Formulierung: «Mangel an Gefühlen kann eine genauso wichtige Ursache für irrationales Verhalten sein.»

Ein weiterer Hinweis also auf die entscheidende Bedeutung der emotionalen Intelligenz. Wo kommt dieser Begriff her und was beinhaltet er?

## 2. Was heißt «emotionale Intelligenz»?

Goleman ist nicht der Erfinder oder Entdecker der emotionalen Intelligenz. Durch griffige (z. B. EQ) und werbewirksame Formulierungen (z. B.: «Was nützt ein hoher IQ, wenn man ein emotionaler Trottel ist?» oder «Spannende Forschungsperspektiven zu einem Thema, das uns alle angeht: die Wiedervereinigung von Herz und Verstand» auf der Rückseite der deutschen Taschenbuchausgabe) hat er das Konzept populär gemacht.

Nachdem in der Mitte des vorigen Jahrhunderts eine einseitige Verhaltensorientierung die amerikanische Psychologie beherrschte, waren die Sechzigerjahre von einer kognitiven Welle geprägt: Die Bedeutung der kognitiven Faktoren beim menschlichen Verhalten (Gedanken, Urteile, Erwartungen, Einschätzungen etc.) wurde erkannt. In den Achtzigerjahren wurde der herkömmliche Begriff der Intelligenz aufgebrochen. Dieser stammte noch aus der früheren Jahrhundertwende (um 1900). Bahnbrechend war die Arbeit der Franzosen A. Binet und T. Simon gewesen, aber es waren wieder die Amerikaner, die gegen Ende des Ersten Weltkrieges sich veranlasst sahen, für die Auswahl und Zuordnung der Soldaten Intelligenztests zu einem massenhaften Gruppenverfahren zu entwickeln, durch das das allgemeine intellektuelle Leistungsniveau (und seine individuellen Profile) gemessen werden konnte. Schon in den Zwanzigerjahren wurde Kritik an dem sozialdarwinistischen Einschlag der Intelligenztests laut, aber erst 1985 konnte der Harvard-Psychologe Howard Gardner die «Diktatur» der logisch-diskursiven Intelligenz vom Sockel stoßen. Er entwarf eine Theorie der multiplen Intelligenzen, die auch Berufssportler und Popstars hochintelligent erscheinen ließen.[18] Sieben weitgehend voneinander unabhängige Intelligenzen wurden unterschieden: eine mathematisch-rechnerische, eine räumlich-optische, eine sprachliche, eine musikalische, eine körperlich-motorische, eine intra- und eine interpersonelle Intelligenz. Die letzten beiden finden wir im Konzept der emotionalen Intelligenz wieder, das 1989 von den Psychologen Peter Salovey (Yale) und John Mayer (New Hampshire) geprägt wurde: das Verstehen und Handhaben eigener und fremder Gefühle.[19] Ihr Patenkind ist Goleman, wenn er fünf Bereiche der emotionalen Intelligenz unterscheidet:

- das Wahrnehmen und Erkennen der eigenen Emotionen
- die Gefühle so zu handhaben, dass sie angemessen sind
- die Gefühle im Dienst eines Ziels in die Tat umsetzen
- die Empathie (wissen, was andere fühlen)
- die Kunst, mit den Emotionen anderer umzugehen.

Die Rückkehr der Emotionen in die Psychologie bedeutet also keineswegs eine Befürwortung der emotionalen Katharsis (Entladung) im Sinne einer primitiven Popularisierung der Psychoanalyse. Die Entladungshypothese ist von der neueren psychologischen Forschung als irrig entlarvt worden. Das ungehemmte Herauslassen von Wut beispielsweise ist eine der schlechtesten Methoden, sich abzukühlen. Sie treibt die Erregung zumeist noch mehr in die Höhe. Emotionale Intelligenz dagegen bedeutet: vernünftig mit Emotionen umgehen können. Aber was heißt das?

## 3. Was tun, wenn ich wütend bin?

«Zorn lass nit in dein haupt gehen»
*Bruder Klaus von Flüe*[20]

Sehr wertvoll an Golemans Buch ist seine gut lesbare Zusammenfassung der emotionspsychologischen Forschungsergebnisse der vorangehenden Jahrzehnte mit dem Blick auf ihre praktische Verwendbarkeit. Ausgehend von einer Analyse einzelner Emotionen und Gefühlszustände, wie Angst und Sorge, Niedergeschlagenheit und Depression, Ärger und Wut, kommt es zu praktischen Hinweisen, wie man lernen kann, mit ihnen umzugehen. Wir greifen Wut als Beispiel auf.

Die Analyse von Wutanfällen weist zwei Punkte auf, wo man eingreifen kann. «Zum einen kann man auf die Gedanken, die die Zornesaufwallungen auslösen, eingehen und sie in Frage stellen.»[21] Wut ist vielleicht die Emotion, die am schlechtesten unter Kontrolle zu bringen ist, ja, sie ist sogar verführerisch: Sie spornt uns an, belebt uns, steigert unser Selbstgefühl. (Dies ist zu unterscheiden von ihrer möglichen Nachwirkung: Sie lässt uns vielleicht erschöpft zurück, wir schämen uns darüber, dass wir die Selbstbeherrschung verloren haben, bedauern die negativen Folgen unserer Äußerungen und unseres Handelns, die unfruchtbare Eskalation, zu der wir beigetragen oder sogar Anlass gegeben haben.) Zunächst, während sie wütet, sind wir sehr erfinderisch, was die Argumente betrifft, die bezeugen, dass wir Recht haben und somit auch ein Recht auf unseren Zorn. Wir führen einen selbstgerechten inneren Monolog, der andauernd Öl ins Feuer gießt und uns erst recht in die Wut hineintreibt. Dies einzusehen liefert zugleich einen Schlüssel, mit dem diese Teufelskreisdynamik unterbrochen werden kann: Man kann dem Feuer die Nahrung entziehen, d. h. die selbstbestätigenden Überzeugungen untergraben, die Dinge anders betrachten, die ursprüngliche Einschätzung der Situation oder Interaktion infrage stellen. Man nennt das heute «relabeling» oder «kognitive Umstrukturierung»: eine Form von *Gedankenkontrolle*.

Beispiel: Dass man Wut durch Verständnis entschärfen kann, zeigt ein Experiment von Zillmann, das Goleman referiert: «Die freiwilligen Versuchsteilnehmer, die auf einem Heimtrainer strampelten, wurden von einem rüpelhaften Assistenten (sein Verhalten war abgesprochen) beleidigt und provoziert. Sie erhielten Gelegenheit, sich an ihm zu rächen, indem sie ein schlechtes Urteil über ihn abgaben, von dem sie glaubten, es falle bei der Entscheidung über seine Stellenbewerbung ins Gewicht, und sie nahmen die Gelegenheit freudig wahr. Bei einer Abwandlung dieses Experiments trat jedoch eine weitere, in die Sache eingeweihte Assistentin auf, kurz bevor die Probanden Gelegenheit erhielten, sich für die Beleidigung zu rächen; sie rief den Provokateur in einen anderen Raum ans Telefon. Im Hinausgehen machte er auch zu ihr eine abfällige Bemerkung. Sie nahm es jedoch gelassen auf und erklärte, nachdem er gegangen war, er stehe unter furchtbarem Druck wegen seiner bevorstehenden mündlichen Abschlussprüfung. Als die zornigen Probanden anschließend Gelegenheit bekamen, sich an dem unverschämten Kerl zu rächen, ließen sie es sein, ja, sie brachten sogar Mitgefühl und Verständnis für ihn zum Ausdruck.»

Eine zweite Methode, Wut zu deeskalieren, setzt eine gewisse

*Handlungskontrolle* voraus: Man unterbricht «die Handlung» und entfernt sich in eine Umgebung, wo man «abkühlen» kann. Körperliche Bewegung kann hilfreich sein, oder gezielte Entspannung durch tiefes Ein- und Durchatmen, Muskelrelaxation oder Zerstreuung. Wichtig ist dabei auf jeden Fall, dass man nicht weiter seinen feindseligen Gedanken nachhängt.

Ein weiteres Forschungsergebnis macht allerdings deutlich, dass diese Mittel irgendwann nicht mehr zur Verfügung stehen. Es gibt ein bestimmtes Fenster der Gelegenheit für sie. Wenn die Wut groß genug ist, geht sie mit einem durch. Man kann dann weder aufhören noch klar denken, mit anderen Worten: je früher man in den «Wutzyklus» eingreifen kann, umso besser. Das setzt allerdings «Achtsamkeit» voraus, die Fähigkeit, die eigenen inneren Zustände quasi fortwährend ausreichend wahrnehmen zu können: eine bestimmte Form der Selbstaufmerksamkeit, die erlaubt, die eigenen seelischen Reaktionen zu überwachen und zielbewusst mit ihnen umzugehen. «Im besten Fall ermöglicht Achtsamkeit gerade ein solches gleichmütiges Wahrnehmen leidenschaftlicher oder stürmischer Gefühle. Mindestens äußert sie sich in einem gewissen Heraustreten aus dem Erleben, einem parallelen Bewusstseinsstrom, der ‹meta› ist – also über oder neben dem Hauptstrom schwebt – und das Geschehen wahrnimmt, statt darin eingetaucht und verloren zu sein.» Wer beobachtet hier wen? Ich mich! Goleman spricht in diesem Zusammenhang vom «Geist» (im Englischen wohl «mind» – «Achtsamkeit» ist die Übersetzung von «mindfulness») oder vom «beobachtenden Ich». Offensichtlich ist hier die Berufung auf eine «Meta-Instanz» in der Seele nötig, um diese Phänomene der Selbstbeobachtung denkbar zu machen. Und für Goleman ist diese Achtsamkeit «die grundlegende emotionale Kompetenz, auf der andere, wie etwa die emotionale Selbstkontrolle, aufbauen».

Zwei ergänzende Bemerkungen zu Golemans Darstellung über den Umgang mit Wut:

Bei der kognitiven Umstrukturierung weist er auf ein besonders wirksames Mittel hin, die Wut zu beschwichtigen, nämlich wenn es einem gelingt, der auslösenden Situation eine *positivere* Deutung zu geben. Und: Bei der Charakterisierung der Achtsamkeit wird *Unvoreingenommenheit* betont – die Fähigkeit, nicht urteilend, wie «ein interessierter, aber unbeteiligter Zeuge»[22] auf die eigenen Seelenerlebnisse zu schauen.

Kaum über Goleman hinausgehend könnte man abschließend die Ausbildung der Fähigkeit ins Auge fassen, die von dieser selbstreflexiven Meta-Position des Ich ausgehend imstande wäre, das jeweils in einer Situation Erforderliche zu erkennen und zu betätigen und überhaupt nach individuellem Bedarf persönliche Einseitigkeiten zu ergänzen und auszugleichen, Teilfähigkeiten durch Übung zu verstärken: Dadurch wird eine gewisse «Allround»-Qualität erworben, die eben «emotionale Intelligenz» im umfassenden Sinne genannt werden kann. Diese sechs Eigenschaften – Gedankenkontrolle, Handlungskontrolle, die emotionale Selbstkontrolle (mit der Achtsamkeit als ihre Grundlage), Positivität, Unvoreingenommenheit und deren Ausbalancierung, bis sie dem Ich als ein harmonisches Ganzes zur Verfügung stehen – werden wir im nächsten Kapitel gründlicher, genauer und zugleich praktisch ausarbeiten. Zuvor aber noch einige kritische Bemerkungen zum wissenschaftlich-weltanschaulichen Rahmen, in dem wir Golemans wertvolle Beobachtungen und Hinweise vorfinden. Mit dieser Kritik zielen wir weniger auf Goleman als auf gewisse gedankliche Voraussetzungen und Fixierungen, die unsere heutige Zeit weitgehend prägen und den Wert bestimmter Beobachtungen und Forschungsergebnisse wieder unterminieren. Letztendlich sind sie paradoxerweise ein Hindernis bei der Ausbildung unserer emotionalen Intelligenz. Fassen wir sie als Selbstkritik auf; wir sind als Kinder unserer Zeit doch andauernd in der Gefahr, uns diesen Gedankenmustern auszuliefern.

## 4. Erfolgsintelligenz

In kürzester Zeit ist aus emotionaler Intelligenz «Erfolgsintelligenz» geworden. 1998 veröffentlichte Daniel Goleman *Working with Emotional Intelligence*, 2000 ins Deutsche übersetzt mit dem weniger verhüllenden Titel: *EQ². Der Erfolgsquotient.*[23] Darin ist u.a. die Rede davon, wie «Leistungs-Asse» sich vor allem durch emotionale Kompetenzen von den anderen unterscheiden. Dazu gehört namentlich die Fähigkeit zur Überzeugung und Beeinflussung. 2002 erschien unter Golemans Mitwirkung *Primal Leadership. Realising the Power of Emotional Intelligence*, im selben Jahr schon ins Deutsche übersetzt: *Emotionale Führung.*[24] Im Amerikanischen ist schon unverhüllt von Macht die Rede. Trotzdem schreibt Daniel Goeudevert auf der Rückseite der deutschen Fassung: «Dan Goleman und seine Kollegen zeigen, dass gute Manager eben nicht Techniker der Macht, sondern vor allem Virtuosen des Beziehungsmanagements sind.»

Techniker der Macht – Virtuosen des Beziehungsmanagements. Ist der Unterschied mehr als ein zunehmendes Raffinement, das von dem, der ihnen ausgesetzt ist, schwerer zu durchschauen ist? Gibt es nicht zu denken, dass in Anhang B desselben Buches die Führungskompetenzen der emotionalen Intelligenz zur Vierzahl reduziert sind? Diese Kompetenzen sind:

1. Selbstwahrnehmung
2. Selbstmanagement
3. soziales Bewusstsein
4. Beziehungsmanagement

Wir erkennen die Elemente der emotionalen Intelligenz von 1995 in griffiger Formulierung bis auf eines wieder: die Zielorientierung. Wird diese nun den Managementvirtuosen überlassen? 1995 betrachtete Goleman wirtschaftliche und technologische Entwicklungen als treibende Kräfte hinter der sinkenden emotionalen Intelligenz der Kinder. Jetzt muss er sich die Frage gefallen lassen, ob seine Beiträge zur Ausbildung von Managern, zur Verbesserung des innerbetrieblichen emotionalen Klimas oder gar der Fähigkeit, die Emotionen und Motivationen der anderen (ob Mitarbeiter oder Kunden) im Dienst des eigenen Unternehmenserfolgs bewusst zu handhaben, ihn auf meso- und makrosozialer Ebene nicht in Widersprüche verstrickt? Zumindest können Spannungen entstehen zwischen persönlichen oder gruppenzentrierten Interessen, die ihrerseits nicht unbedingt dem Allgemeinwohl dienen. Und im Konkurrenzkampf hat der emotional Intelligentere größere Chancen, zu überleben – der Sozialdarwinismus meldet sich wieder. Hier zeigen sich die Grenzen einer Gefühlsethik, wie sie Goleman noch 1995 gegen die kollektive emotionale Krise ins Feld führte: Selbstbeherrschung und Empathie zum Beispiel sind an sich noch moralisch neutral, weil sie in den Dienst höchst unterschiedlicher Ziele gestellt werden können. Auch Erfolg an sich ist weder böse noch zu verachten. Entscheidend sind die Ideen, die zum Motiv des Handelns werden, und die Folgekonsequenz, etwa die Tatsache, ob wir dadurch jeden individuellen Menschen möglichst in die Lage versetzen, sich selbst die Zielidee seines Handelns zu bilden und nicht auf emotional intelligente Weise instrumentalisiert zu werden.[25]

Das Ich ist ein zweischneidiges Schwert: Es kann alles in den eigenen Dienst stellen und sich daran satt essen oder es einsetzen, um mehr als «bloß Ich» zu werden. Die Befähigung mit emotionalen Kompetenzen vergrößert die Autonomie des Ich, weil sie die Abhängigkeit von den eigenen Gefühlsregungen verringert. Aber wie wird diese hinzugewonnene Freiheit benutzt? Wir sind hier an einer interessanten Stelle, wo das menschliche Ich stärker als zuvor auf sich selbst gestellt und aufgefordert ist zu entscheiden, wie es seine Ziele setzt.

## 5. Liebe oder Überlebensinstinkte?

Eine weitere Unschärfe liegt in dem Entwicklungsgedanken, der unreflektiert von den Biologen übernommen wird. In dieser Form steht alle Entwicklung unter dem obersten Ziel des Überlebens der Bestausgerüsteten. Kein Wunder, dass der Sozialdarwinismus durch die Hintertür hereinschleicht. Bevor eine andere Frage beantwortet wird – zum Beispiel nach dem Wesen oder der menschenkundlichen Bestimmung des menschlichen Gefühlslebens –, wird von Goleman nach dem Wozu gefragt. Das erste Kapitel seines Buches von 1995, *EQ. Emotionale Intelligenz*, ist überschrieben mit der Frage: «Wozu sind Emotionen da?» Und es beginnt mit einer kleinen dramatischen Geschichte, die ich hier übernehme, damit Sie sie ein paar Mal aufmerksam – und achtsam – lesen können, einmal vielleicht mit dem Schwerpunkt auf gedankliche Kohärenz und einmal auf Feinfühligkeit.

«Die letzten Augenblicke im Leben von Gary und Mary Jane Chauncey, einem Ehepaar, das mit ganzer Hingabe an ihrer elfjährigen Tochter Andrea hing, die durch eine Gehirnlähmung an den Rollstuhl gefesselt war. Die Chaunceys saßen in einem Zug, der von einer Brücke stürzte, deren Pfeiler im Mississippidelta von einem Lastkahn gerammt worden waren. Die Eheleute dachten zuerst an ihre Tochter, und als das Wasser durch die Fenster in den Wagen strömte, taten sie alles, um ihre Tochter zu retten; irgendwie schafften sie es, Andrea durch ein Fenster zu schieben, wo sie von Rettungsmannschaften in Empfang genommen wurde. Dann ging der Wagen unter, und sie ertranken. Andreas Geschichte, eine Geschichte von Eltern, deren letzte heroische Handlung darin besteht, für das Überleben des Kindes zu sorgen, hält einen Moment von geradezu mythischer Tapferkeit fest. Solche Fälle, in denen Eltern sich für ihren Nachwuchs opfern, hat es in der menschlichen Geschichte und Vorgeschichte sicher unzählige Male gegeben – und zahllose weitere im größeren Rahmen der Evolution unserer Spezies. Aus der Sicht der Evolution geht es bei der Selbstaufopferung von Eltern um das, was die Evolutionsbiologen als ‹Fortpflanzungserfolg› bezeichnen, um die Weitergabe der eigenen Gene an künftige Generationen. Doch aus der Sicht eines Elternteils, der in einer äußersten Krise die verzweifelte Entscheidung trifft, ein Kind zu retten, handelt es sich um nichts anderes als Liebe. Dieser beispielhafte Akt elterlichen Heroismus bietet uns einen Einblick in den Sinn und Zweck von Emotionen, und er bezeugt die Bedeutung, welche der altruistischen Liebe – und allen sonstigen Emotionen – im menschlichen Leben zukommt. Er lässt vermuten, dass unsere tiefsten Gefühle, unsere Leidenschaften und Sehnsüchte entscheidend für unser Überleben sind und dass unsere Spezies ihre Existenz weitgehend ihrem machtvollen Wirken in der menschlichen Lebenswelt verdankt. Was sonst, wenn nicht eine übermächtige Liebe, die darauf drängt, das geliebte Kind zu retten, könnte einen Vater oder eine Mutter veranlassen, nicht dem reflexartigen Selbsterhaltungstrieb nachzugeben?»[26]

Schauen wir auf die gedankliche Kohärenz dieses Textes. Was bestimmt das Handeln des Ehepaars in dieser Situation? Der reflexartige Selbsterhaltungstrieb offenbar nicht, sonst hätten sie sich selbst gerettet. Wohl aber – Goleman zufolge – der Selbsterhaltungstrieb der biologischen Spezies, die Weitergabe der eigenen Gene, der «Fortpflanzungserfolg». Aber wie verhält sich dieser zu dem, was Liebe, Elternliebe, ja altruistische Liebe oder gar Opfergesinnung genannt wird? Sind sie nur die «Sicht eines Elternteils», dem die evolutionäre Funktion nicht im Bewusstsein ist? Schon eine rein gedankliche Betrachtung, die nach bewusster Klarheit strebt, muss durch dieses Textfragment in Verwirrung geraten oder daraus schließen, dass die Eltern einer Täuschung über ihre wahre Triebfeder unterliegen, dass sie nur Instrument anonymer biologischer Kräfte sind (wobei die Kraft der Selbsterhaltung der Spezies offensichtlich stärker ist als die des Einzelwesens). Die Verwirrung wird nicht geringer, wenn ich etwa frage: Was hat die Spezies davon, ein gehirngelähmtes, an den Rollstuhl gefesseltes Mädchen auf Kosten zweier (vielleicht gesunder, vielleicht fortpflanzungsfähiger) Erwachsener am Leben zu erhalten? Soll das einen vernünftigen Sinn haben? – Aber wie fühlt sich diese Frage an? Klingt das Ganze nicht zynisch?

Lesen wir den Text auch einmal mit Gefühl: Wenn es wirklich um den biologischen Selbsterhaltungstrieb der Spezies ginge, ist es dann noch zutreffend von «deren letzte(r) heroische(n) Handlung» von «geradezu mythischer Tapferkeit», von «Selbstaufopferung» und «Liebe» zu reden? Darf es unserer «kollektiven emotionalen Krise» zugerechnet werden, dass wir über solche Gedankengänge – die wahrlich nicht selten sind in popularisierender (oder fachlicher) wissenschaftlicher Literatur – nicht heftiger ins Stolpern geraten? Wie können wir mit diesem Widerspruch zwischen Erleben und «Erkennen» (dort aufopfernde, persönliche Liebe, hier anonymer Selbsterhaltungstrieb der Spezies bzw. der Gene) leben?

## 6. Ist das Herz ein Hirnteil?

In der vorigen Ungereimtheit impliziert ist der Wechsel von alltäglicher Erlebnissprache zur wissenschaftlichen Sprache, von der personalen zur unpersönlichen Perspektive, ohne deren Verhältnis auch nur zu thematisieren.[27] Letztendlich drohen wir damit nur dem altbekannten *Reduktionismus* zu verfallen: die Reduzierung seelischer Tätigkeit zu biologischen, körperlichen, insbesondere neurologischen Prozessen. Demgemäß sind emotionale Entgleisungen nichts anderes als «neurale Überfälle». Zu dem Kapitel «Wozu sind Emotionen da?» gehört natürlich auch eine Darstellung der Gehirnanatomie und -physiologie und ihrer evolutionären Genese. Wenn «ich» meine Selbstbeherrschung verliere, übernimmt die Amygdala (ein Zentrum im sog. Limbischen System des Gehirns) die Macht. So wie der Neocortex «denkt», so ist der Mandelkern (Amygdala) «so etwas wie ein psychologischer Wachtposten, der jede Sekunde der Erfahrung, jede Situation, jede Wahrnehmung kritisch prüft, der aber nur eine Frage im Sinn hat, die allerprimitivste: ‹Ist das etwas, das ich nicht ausstehen kann, das mich kränkt, das ich fürchte?› Falls ja, reagiert der Mandelkern augenblicklich wie ein neuraler Stolperdraht und schickt eine Krisenbotschaft an alle Teile des Gehirns.»[28]

Diese eingängige, weil anthropomorphe Redeweise (für Organfunktionen) negiert einfach das Leib-Seele- oder Bewusstseinsproblem. Wir werden abgeholt, wo wir es gerne mögen. Das ist rhetorisch geschickt. Wenn Daniel Goleman «Herz» sagt, verstehen wir das fraglos oder fühlen uns gar berührt, aber sind nicht neurale Strukturen im Gehirn gemeint? Und der «Manager der Emotionen» bin nicht ich, sondern ist der neocortikale Präfrontallappen unter meinem Schädeldach. Aber wie soll ein Gehirn, das das automatische Ergebnis einer Evolution ist, die sich «in den letzten 50.000 Generationen»(!) abgespielt hat, jetzt plötzlich sich selbst erziehen – wo «die letzten 10.000 Jahre (…) in den biologischen Grundformen unseres Gefühlslebens kaum eine Spur hinterlassen»[29] haben?

## 7. Ein Vorschlag

Mir ist es ein Anliegen, auf solche Schwierigkeiten hinzuweisen, weil sie der wirklichen Verbindung von Herz und Verstand im Wege stehen, weil ich meine, dass sie Sprachverwirrung stiften, Wirklichkeitsschichten und Betrachtungsweisen durcheinander mischen und dadurch den Blick für den Akteur der Selbstführung und Selbsterziehung verschleiern. «Herz» und «Ich» dürfen keine bloße Redeweise für den Alltag sein (unserer Denk- und Gefühlsträgheit entgegenkommend), während die «Aufgeklärten» wissen, dass es um Hirnteile und -prozesse geht. Eine Sprache und Begrifflichkeit, die der inneren Erfahrung gerecht wird, scheint mir notwendig bei der Bestrebung, unsere Entwicklung selbst in die Hand zu nehmen.

Eine Dreigliederung wird von Goleman selber nahegelegt: Leib, Seele und Geist, wobei «Geist» zunächst in der Form eines selbstreflexiven, beobachtenden Ich – Quelle der Achtsamkeit – als geistige Individualität greifbar wird. «Seele» bezeichnet die innere Erlebnisschicht, von der das Ich sich zunehmend emanzipieren bzw. mit der es umgehen lernen kann. «Leib» sind die körperlichen Begleitprozesse, die der äußeren Beobachtung zugänglich sind, aber deren wesentliche Funktion beim Zustandekommen der seelischen und geistigen Vorgänge nach wie vor wissenschaftlich und philosophisch ungeklärt ist. Die neurophysiologischen Forschungsergebnisse zwingen uns keineswegs zu einem materiellen Reduktionismus. Immerhin gibt es heute auch Wissenschaftler, die der Meinung sind, dass der Gedanke eines Ich, das sich sein Gehirn bildet, die Tatsachen besser erklären könnte.[30] Dann stünden die Chancen für ein Selbsterziehungsprogramm in Sachen emotionaler Intelligenz günstiger, als wenn wir auf die Mechanismen der biologischen Evolution warten müssen. Ist nicht der Mut zur gedanklichen Konsequenz die Tugend der emotionalen Intelligenz, die wir als erste brauchen?

# Kapitel 2
# Teilfähigkeiten der emotional-intelligenten Selbstführung

«Sachlichkeit ist eine Vokabel der Freiheit.»
*Hilde Domin*[31]

Es wäre mir kaum möglich gewesen, die im ersten Kapitel am Beispiel der Wut beschriebenen sechs Eigenschaften bei der Lektüre von Golemans Buch zu entdecken – zumindest in dieser Form nicht –, wenn ich sie nicht aus Rudolf Steiners Werk und dem Umgang mit demselben kennen würde. Dort kommen sie an wichtiger Stelle auf dem sogenannten anthroposophischen Schulungsweg vor. Wir werden sehen, warum. Sie sind eine neuzeitliche Metamorphose von Eigenschaften, die schon im alten Indien als den geistig strebenden Menschen auszeichnend bekannt waren. In einem vergleichenden Aufsatz geht Hermann Berger[32] deren kulturgeschichtlichen Metamorphosen nach. Im Folgenden werde ich diese Fähigkeiten und die Möglichkeiten, sie zu erüben, von einem etwas anderen Gesichtspunkt aus darstellen, der sich in Einzelarbeit und in Seminaren herauskristallisiert und bisher bewährt hat. Bei Rudolf Steiner findet man sie mehrfach dargestellt, in mündlichen Vorträgen mal kürzer, mal länger, aber auch zahlreich in mehr grundlegender schriftlicher Form. Karl-Martin Dietz hat aufgezeigt, wie die schriftlichen Darstellungen unterschiedliche Schwerpunkte aufweisen, die für das übende Erringen der entsprechenden Fähigkeit relevant sind.[33]

# 1. Der innere Beobachter. Selbstgeführtes Denken

> «… (für mich ist es ein Kennzeichen des modernen Geistes, dass er es liebt, vom Thema abzukommen) …»
>
> *Donna Tartt*[34]

Es ist naheliegend, dass der Weg der Selbstführung seinen Ausgangspunkt beim Denken nimmt. Durch die Entwicklung des Denkens wird erst der Beobachter im Seelenleben richtig ausgebildet: «Man wird durch die Ausbildung des Denklebens mehr ein Beobachter dessen, was man an sich erlebt, während man ohne das Denkleben unbesonnen in dem Erlebnis drinnen steht.»[35]

Beim Überschauen der verschiedenen Darstellungen Rudolf Steiners im Zusammenhang mit dem praktischen Üben und den Seminarerfahrungen haben sich drei Aspekte eines selbstgeführten Denkens herauskristallisiert:

- selber denken
- logisch denken
- sachgemäß denken.

Die ersten beiden Aspekte liegen im Wesen des Denkens unmittelbar begründet. Es hat eine Tätigkeits- und eine Inhaltsseite: Es muss getan werden, und etwas wird bedacht. Erstens: Ich kann nur selber denken. Wenn ich andere für mich denken lasse, kann ich allenfalls das Ergebnis übernehmen. Das Denken selbst wird mir fremd bleiben, genauso wie die innere Sicherheit, die Evidenz und Gewissheit, die sich aus ihm ergeben kann, wie natürlich auch die Fähigkeit der Selbstführung in diesem Bereich des Seelenlebens.

Zweitens muss ich mich nach dem Inhalt und dem Zusammenhang der ins Auge gefassten Gedanken richten. Ich kann nicht willkürlich die Summe der Winkel eines Dreiecks bestimmen, das

Denkergebnis ist immer 180°. Und wenn ich mich dazu entschieden habe, über den Begriff oder das Gesetz des Dreiecks nachzudenken, hat das Verhältnis des Durchmessers zum Umfang eines Kreises hier nichts zu suchen. Auch wenn das Dreieck mich unversehens an den Unfall erinnert, den ich durch Missachtung eines dreieckigen Verkehrsschildes verursacht habe, bin ich offensichtlich aus dem Denken herausgefallen. Gedanken haben ist nicht dasselbe wie denken. Gedanken haben wir immer. Andauernd laufen sie in unserem Innern ab, nicht nur beim selbstgerechten inneren Monolog des Wütenden. Sie verbinden sich jedoch nicht nach dem Gesetz des Denkens. Das geschieht nur, wenn ich es will und bewerkstellige. Aber auch dann stellen wir fest, wie beschränkt unsere Fähigkeit ist, das über eine längere Zeit, ohne abzuschweifen, zu tun. Dieses assoziative «Nichtdenken», unser sogenannter Bewusstseinsstrom, ist im 20. Jahrhundert an die Oberfläche getreten und zum «Normalfall» geworden. Es hat dabei auch seinen Eintritt in die Literatur gefeiert, zum Beispiel in dem Roman *Ulysses* von James Joyce, aus dem wir hier eine Passage zitieren. Es ist ein Ausschnitt aus dem inneren Monolog von «Molly Bloom», während sie schon im Bett liegt, aber den Schlaf nicht findet:

«also das war ja doch eine Erleichterung fasse dich kurz lass einen Furz wer weiß vielleicht war das Schweinskotelett was ich gegessen hab mit der Tasse Tee hinterher nicht mehr ganz gut bei der Hitze gerochen hab ich an sich nichts also dieser Mann in dem Metzgerladen der immer so komisch guckt der ist bestimmt ein großer Gauner ich hoffe die Lampe da qualmt nicht krieg sonst die ganze Nase voll Ruß aber immer noch besser wie wenn er die ganze Nacht das Gas anlässt ich hab selbst in meinem Bett in Gibraltar nicht richtig schlafen können weil ich ewig aufstehen musste um nachzusehen wieso bin ich bloß so verdammt nervös deswegen obwohl im Winter mag ich es eigentlich ganz gerne ist irgendwie gemütlicher oh mein Gott war das lausig kalt in dem Winter damals wie ich erst so zehn war oder war ich ja doch stimmt ich hatte die große Puppe damals mit all den komischen Kleidchen hab sie andauernd angezogen und wieder aus dieser eisige Wind der von den Bergen rüberkam von dieser Dingsbums Nevada Sierra Nevada ich stand immer am Feuer mit dem winzigen bisschen von kurzem Hemd was ich hochgezogen hatte um mich aufzuwärmen ich bin liebend gerne rumgetanzt darin damals und ins Bett zurück das war immer ein richtiges Rennen bestimmt war dieser Kerl von gegenüber jedes Mal da die ganze Zeit und hat mich beobachtet bei Licht aus im Sommer und ich im Adamskostüm so rumgehopst ich hab mich immer selber geliebt damals hab nackig am Waschständer gestanden und mich gerieben und gekremt bloß wenn ich auf den Pott musste bei der Szene hab ich das Licht ausgedreht ja so war das mit uns 2 beiden also mit schlafen ist es heute nacht wieder mal nichts mehr …»[36]

Die Gedanken, die so durch Mollys Bewusstsein ziehen, geben uns einen recht guten Einblick in ihr Seelenleben. Wir bemerken, welche Kräfte sie umtreiben. Kein Wunder, dass Sigmund Freud die freie Assoziation als diagnostisches Mittel einsetzte. Damit schrieb er aber ein Symptom des modernen Seelenlebens als Methode vor: alles, was ins Bewusstsein kommen will, auch zulassen und aussprechen, unter Ausschluss jedes kritischen Urteils. Das impliziert im Grunde ein Denkverbot.[37] Ich nenne diesen Bewusstseinszustand ein Symptom, weil ihm die bewusste Ich-Tätigkeit fehlt, die Konzentration und Kontinuität (Zusammenhang des Gedankengangs) erst ermöglicht. Seine Habitualität öffnet Tür und Tor für andere Kräfte als die des eigenen Ich und ist somit eine Gefahr für die seelische Gesundheit. Dieser Sachverhalt zeigt sich auch in folgender Zeichnung:

*«What's on a man's mind?»*

Während es im Molly-Bloom-Beispiel vor allem an Zusammenhang, an begrifflicher Kontinuität mangelt, fehlt in dem zweiten Beispiel («What's on a man's mind?») die frei gewählte Konzentration auf ein selbst gesetztes Thema. Beide Aspekte finden wir auch in Rudolf Steiners Darstellungen. Ein Beispiel für den ersten Aspekt:

«Gedankenkontrolle. Sie besteht darin, dass man wenigstens für kurze Zeiten des Tages nicht alles Mögliche durch die Seele irrlichtelieren lässt, sondern einmal Ruhe in seinem Gedankenlaufe eintreten lässt. Man denkt an einen bestimmten Begriff, stellt diesen Begriff in den Mittelpunkt seines Gedankenlebens und reiht hierauf selbst alle Gedanken logisch so aneinander, dass sie sich an diesen Begriff anlehnen.»[38]

Für den zweiten Aspekt:

«[…] So muss man sich wenigstens ganz kurze Zeiten aussondern, in denen man sich zum Herrn seiner Gedanken- und Empfindungswelt macht. Man stellt da einen Gedanken aus völlig innerer Freiheit in den Mittelpunkt seiner Seele […]. Dann versucht man alle aufsteigenden Gedanken und Gefühle fernzuhalten und nur das mit dem ersten Gedanken zu verbinden, von dem man selbst will, dass es dazugehöre.»[39]

Es entsteht sogar eine gewisse Spannung:

| «logisch aneinander-reihen» | ⟷ | «nur das verbinden, von dem man selbst will, dass es dazugehöre» |
|---|---|---|

Ein Widerspruch wird es nur, wenn ich nicht *denken* will, denn denkend will ich nur das miteinander verbinden, was begrifflich zusammengehört. Aber bei der konkreten Durchführung des Übens wird die Spannung trotzdem relevant. Denn, wo höre ich auf? Hängt doch alles mit allem zusammen, insbesondere im rein Begrifflichen. Und hier kommt der dritte Faktor ins Spiel: eine konkrete Sache und die dazugehörige Sachlichkeit. Wenn ich nicht von einem «abstrakten» Begriff, sondern zum Beispiel von einem Gebrauchsgegenstand ausgehe, gewinne ich ein Zentrum, das sich nicht gleich in lauter Zusammenhänge auflöst, sondern einen Rahmen absteckt: ein Objekt, auf das ich alle Gedanken beziehe. Einen menschengemachten und «möglichst unbedeutenden» Gegenstand, wie Stecknadel oder Zündholz, empfiehlt Rudolf Steiner. Warum? Weil ich ihn überschauen und dabei kontrollieren kann, ob ich sachlich bleibe. Im Prinzip weiß ich oder kann es wissen, wie er gemacht ist, aus was, wozu usw. – was mit Naturgegenständen weniger der Fall ist. Unbedeutend soll er sein, weil er uns nicht von sich aus fesseln und beschäftigen soll (was nicht ausschließt, dass er gerade durch die Übung uns allmählich zu interessieren beginnt). Wir sollen «durch eigenste innere Initiative» die Gedanken aneinanderreihen und nicht von ihnen fortgerissen werden – was passieren könnte, wenn ich über Freud oder Steiner, über den Sexualtrieb oder den Weltgeist nachdenke. Ein Verhältnis vom Denkenden zum Gegenstand entsteht, das vor allem Konzentration und Sachlichkeit ermöglicht, aber dazu auch eine gewisse Kraftanstrengung vom denkenden Ich erfordert; dadurch wird aber natürlich auch die Ausbildung seiner Kräfte gefördert. Das ist der Sinn des Übens: Fähigkeitsbildung.

Aus der Verbindung von Denkinitiative und Sachlichkeit entsteht die Spannung:

Ich-Tätigkeit ←——————→ Gegenstand

Das Nachdenken über einen Gegenstand kann aber auch wieder zum Erfassen und Erleben des Begriffs führen. Dazu brauche ich nur nach dem Wesen des Gegenstandes zu fragen. Wenn ich zum Beispiel einen Tisch auswähle, muss ich mir alles vor das innere Auge führen, was zu ihm gehört. Was ist das? Besinnen Sie sich eine Weile über den Begriff des Tisches. Was macht einen Tisch zum Tisch? Seine vier Beine? Das Holz, aus dem der Schreiner ihn gemacht hat? Dass wir daran essen? Alles könnte durch etwas anderes ersetzt werden. Bei näherer Besinnung bleibt nur ein Beziehungsgeflecht zwischen einer (variablen) Form, die zu (einem) bestimmten Zweck(en) aus zweckdienlichen Materialien (auf mehrfache Weise) hergestellt werden kann und von dem der Tisch, von dem ich vielleicht ausgegangen bin, nur eine Möglichkeit verwirklicht. Ich bewege mich denkend in einer Welt geistig-ideeller Zusammenhänge. Geistig können sie genannt werden, insofern sie nicht durch innerseelische, psychologische Kräfte zustande kommen (wie es beim Assoziieren der Fall ist). Dies zu entdecken verbreitet Licht in der Seele, das eine klare Ordnung schafft und geistige Produktivität ermöglicht. Wenn ich den Begriff, das Prinzip, das Gesetz einmal verstanden habe, bin ich imstande, kreativ zu werden und Tische zu entwerfen, die noch keiner je gesehen hat. Soll die Idee jedoch durchführbar sein, muss ich wieder ganz konkret und in mehrfacher Hinsicht sachlich denken, wie ich es anhand der existierenden Gegenstände lernen kann. Daraus ergibt sich die nächste spannungsreiche Achse:

Gegenstand ←——→ Idee

Zusammenfassend bekommen wir folgendes Dreiecksverhältnis im Denken:

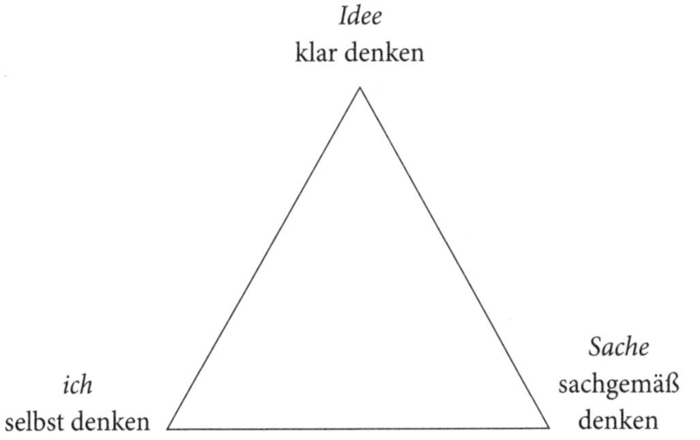


Die Basis des Dreiecks stellt bildhaft die zeitliche Entfaltung der gedanklichen Zusammenhänge dar, die in der Idee (Spitze des Dreiecks) impliziert sind.

Beim Üben kann ich unterschiedliche Schwerpunkte legen, das Dreieckschema kann mir Orientierung darüber geben, wo ich mich jeweils befinde. In Bezug auf die Sache kann ich zum Beispiel die Konzentration (beim Thema bleiben) betonen: Dann betrachte ich Eigenschaften oder Aspekte des Gegenstandes, die mich einzeln mehr oder weniger vom Gegenstand wegführen können, kehre aber immer wieder zu ihm zurück; Hauptsache, der zentrale Bezug geht nicht verloren. Schematisch gezeichnet:

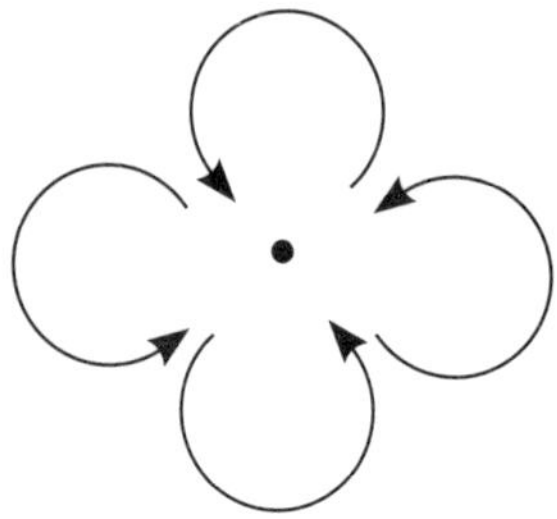

Oder ich lege Wert auf die *Kontinuität* des Gedankengangs, darauf, dass es keine Sprünge oder Brüche gibt. Im Idealfall entwickelt sich der nächste aus dem vorigen Gedanken, der Zusammenhang ist mir klar. Schematisch:

Im Grunde ist die Kontinuität – wie gesagt – das diskursive Abbild der ideellen Zusammenhänge, die als solche nicht in zeitlichen Abhängigkeiten stehen, aber von uns nur in zeitlicher Abfolge durchdacht und verwirklicht werden können (was auf mehrfache Weise möglich ist).

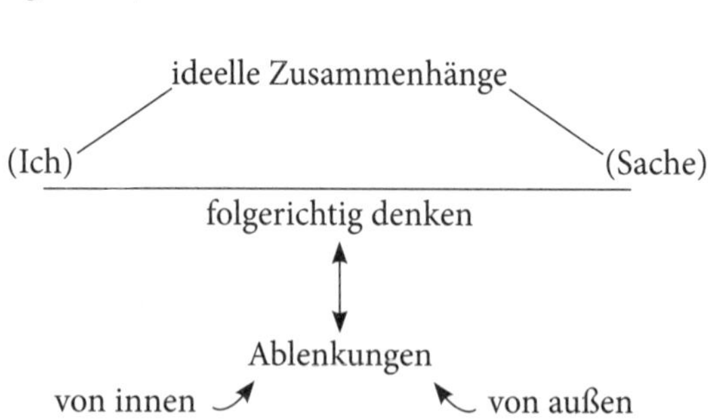

Die Konzentration kann abgelenkt oder die Folgerichtigkeit unterbrochen werden durch Eindrücke von außen oder durch Einflüsse aus dem eigenen Innenleben. Zu diesen letzteren gehören auch die emotionalen Kräfte. Eine Seminarteilnehmerin nahm ihren Stuhl mit nach draußen, um dort in der Sonne sitzend ihren Übungsversuch durchzuführen. Warum nicht das Angenehme mit dem Nützlichen paaren? – Ihr Gedächtnisprotokoll zeigte nachher auffällig viel Interesse für solche Aspekte des Stuhles – denn diesen hatte sie zum Thema gewählt! –, die mit dem Genuss des bequemen Sitzenkönnens zu tun hatten. Bürostühle beispielsweise kamen nicht vor, Liegestühle schon. Ganz und gar unsachlich war es nicht, was sie gedacht hatte, aber ein bisschen einseitig schon.

Dieses harmlose Beispiel könnte mit schwerwiegenden Beispielen des Einflusses emotionaler Kräfte auf die Gedanken ergänzt werden, etwa bei depressiven Menschen: wie düster und aussichtslos sind die Gedanken – oder im Falle besinnungsloser Wut: wie ungerecht kann ich mich dann über Menschen äußern! Umgekehrt sind die Gedanken dann wieder wie Öl, das man ins Feuer gießt, wie wir bei Golemans Schilderung des Wutzyklus sahen; ein Teufelskreis bildet sich.

Diesen Teufelskreis kann man durch einen Gedankenstopp oder eine Neubewertung der Situation durchbrechen. Das erfordert allerdings schon einige Übung – weil Fähigkeit – in Gedankenkontrolle. Nur in dem Maße, wie ich vermag, mich selbst zu führen und die mich sonst zu Gedanken treibenden Kräfte zu zügeln, bin ich imstande, diese Teilkompetenz der emotionalen Intelligenz auszuüben. Das Üben bezieht sich immer auf Bestimmtes und geschieht auf bestimmte Weise. Die Fähigkeit, die daraus entsteht, hat immer einen allgemeineren Charakter aufgrund der Kräfte, die sich durch das Üben ausgebildet haben. Ich kann nicht nur besser «Stuhl» denken, sondern meine Sensibilität etwa für emotionale Wirkungen in meinen Gedankenbewegungen nimmt überhaupt zu wie auch meine Kraft, steuernd einzugreifen und meine Gedanken beispielsweise auf die Sache zurückzulenken. Sie wird mir dann auch in emotionalen Situationen zur Verfügung stehen als Mittel, eine innere eskalierende Dynamik zu mildern und sachlich zu halten. Dies ist letztlich nichts anderes als die Fähigkeit der willkürlichen Aufmerksamkeit und Achtsamkeit (jene nach außen, diese nach innen). Sie wird willkürlich genannt im Gegensatz zur gebundenen Aufmerksamkeit, die unwillkürlich durch bestimmte äußere oder innere Reize gezogen wird, wie bei Ablenkungen. Übungen der Gedankenkontrolle rüsten mich mit der Kraft der Aufmerksamkeit wie mit einer «Stirnlampe» aus, die ich immer geschickter einsetzen kann, lenkend, aber ihren Strahl auch nach Bedarf weitend oder bündelnd. Durch die Sachlichkeit und Eigengesetzlichkeit des Denkens lerne ich «mich selbst» als vorurteilsvolles, emotionales und begehrendes Wesen überwinden. Bekanntlich ist erst der Mensch wirklich frei, der sich überwindet (Goethe: «Von der Gewalt, die alle Wesen bindet, befreit der Mensch sich, der sich überwindet.»[40]). Das erlaubt übrigens die Unterscheidung zwischen Ich (als Meta-Instanz) und Ego (oder psychologisches Subjekt). Selbstführung geht vom Ich aus.

Zum Schluss geben wir hier als Beispiel Auszüge aus einem schriftlichen Gedächtnisprotokoll, das nach einigen Minuten gedanklicher Beschäftigung mit dem Gegenstand «Glas» gemacht wurde. Achten Sie darauf, wie beim Lenken der Gedanken die «Stirnlampe» gehandhabt wird und Selbstüberwindung erübt wird:

«Das Glas auf dem Tisch hat einen Kelch und einen Fuß. Ist nicht wesentlich. Geht auch ohne Fuß. Muss allerdings stehen können, flachen Boden haben (außen). Ein Tisch oder eine horizontale Ablage gehört dazu. Kann es auch viereckig sein? Ja, ein Mensch muss allerdings mit dem Mund daraus trinken können. Deshalb Beschränkungen in der Form. Auch in der Größe. Muss man auch in der Hand halten können. Muss ein Glas aus Glas sein? Muss es durchsichtig sein? Wann wird es ein Becher, eine Tasse, eine andere Art von Gefäß? Muss Flüssigkeit behalten können. Aber auch spenden können. Muss oben offen sein. Oder zu öffnen sein. Gibt es Gläser mit einem Deckel? Wann ist es eine Flasche? Geräusche von draußen: Eine Gruppe Wanderer zieht plappernd vorbei. Zurück zum Thema. – Einiges Hin und Her im schon Gedachten. Beziehungsgeflecht: trinkender Mensch, Bezug zu Hand und Mund, ein bestimmter Inhalt, Form und Material, etwas zum Draufstellen, auch zum Aufbewahren. Möbel, Schränke. Auch anderes Zeug zum Essen und Trinken. Häufig zusammen. – Ist die Zeit schon vorbei? Noch nicht. – Wie wird das Glas hergestellt? Bild eines Glasbläsers, der in ein Rohr pustet, an dessen Ende eine weiche Glasblase schwebt. Venedig, wo wir in der Werkstatt eines Glasbläsers waren. Geführter Ausflug mit kleinem Boot. Aber woraus besteht das flüssige Glas? Es gibt auch mundgeblasene bunte Schmuckgläser, aus denen kein Mensch je trinkt. Venedig. Mitreisende. – Man könnte eine Kulturgeschichte der Gläser schreiben mit Stilrichtungen und Moden. Will jetzt nicht darauf eingehen. – Gehen schnell kaputt beim Spülen. Besser keine zu fragile kaufen. Können Gläser auch weich sein? Was ist mit Plastikbecher? – Sind die anderen noch beschäftigt? Jetzt kann ich aufhören.»

Dieses Beispiel stammt von einem nicht gänzlich Ungeübten. Es ist im Rahmen eines Seminars zustande gekommen. An dem Gegenstand könnte der Betreffende noch lange oder viele Male weiterüben: Es gibt viele Brüche und Sprünge, Ablenkungen, Wiederholung, Unvollständigkeit und dafür irrelevante Assoziationen. Das schon Gedachte wird er erinnern, Neues wird ihm einfallen. Aber das gesamte Material wird der Übende gedanklich ordnen wollen. Dadurch wird er über das bloße Erinnern hinausgehen (müssen). Denken ist nicht bloß sich an schon Gedachtes erinnern, es muss immer wieder aktualisiert werden. Zur Abwechslung, Auffrischung, Anregung oder aus was für Gründen auch immer kann er auch einen anderen Gegenstand wählen. Entscheidend ist, dass er aus der inneren Selbstbeobachtung seine jeweils nächsten Schritte selbst bestimmt und den Grund dazu durchschaut.

## 2. Der innere Versuchsleiter. Was heißt «üben»?

Das Ich, das sich selbst erfasst hat, kann sein eigenes Übungsprogramm zusammenstellen. Zu meiner Überraschung stieß ich häufig auf Seminarteilnehmer, die «Gedankenkontrolle» mit einer bestimmten Form zu üben identifizierten (meistens Konzentration auf einen Gebrauchsgegenstand, aber häufig ohne Klarheit darüber, wie man das durchführen kann) und sich jahrelang darauf fixiert hatten (allerdings meistens mit wiederholten und längeren Unterbrechungen, die mehr oder weniger Unbehagen verursachten). Einige machten sich Selbstvorwürfe, waren verunsichert und wussten nicht weiter.

Ich denke, es ist wichtig, zwischen einer Fähigkeit (die zu einer Eigenschaft werden kann) und den Mitteln, diese auszubilden (den Übungen), zu unterscheiden. Der Weg der Selbstbefähigung ist grundsätzlich individuell: vom Ausgangspunkt, vom gesetzten Ziel und von den erforderlichen und möglichen Zwischenschritten her. Er gründet auf Selbsterkenntnis und freier Initiative. Das mag wohl der Grund sein, dass Rudolf Steiner weder stereotyp eine Übungsanweisung wiederholte noch sie bis in die letzten Einzelheiten ausführte. Das bleibt dem einzelnen Übenden überlassen.

Im Allgemeinen impliziert «üben»:

- dass ich mir selbst ein Ziel setze, das ich erreichen will, weil ich es für mich als wertvoll (an)erkenne,
- dass ich einschätzen kann, wo ich diesbetreffend stehe und was

ich als Nächstes brauche und erreichen kann, ohne mich zu über- oder zu unterfordern,

- dass ich die dazu nötige Aktion zwecks Fähigkeitsbildung mit einer gewissen Regelmäßigkeit wiederhole,
- dass ich mich selbst dabei kontrolliere: ob ich mich tatsächlich in der Richtung des Ziels bewege, ob meine Selbsteinschätzung stimmte oder ob ich niedriger (oder höher) oder ganz anders ansetzen muss. Aus Selbstkontrolle ergibt sich Selbstkorrektur. Das regelmäßige Wiederholen bleibt dadurch vor Routine und Stereotypie bewahrt: Ich setze gezielt Variationen der «Versuchsanordnung», damit ich zu zuverlässigen und fortschreitenden Erkenntnissen und Fähigkeiten gelange. Ich werde erfinderisch in der Ausgestaltung meiner Übung. Ein guter seelischer Indikator ist die Lust am Üben, die Befriedigung, die durch freie Ich-Tätigkeit entsteht und sich selbst verstärkt und dadurch die Motivation instand hält.
- Dazu gehört auch, dass ich Anfang und Ende setze. Häufig wird ein Anfang, aber kein Ende gesetzt. Selbstverständlich ergibt sich dieses irgendwann, aber eine Ich-Tätigkeit ist das Aufhören dann nicht; häufig geschieht es zunächst unbemerkt. Wenn ich den Entschluss fasse anzufangen, müsste ich mir zugleich eine Zeitspanne vornehmen, bis wann ich den Versuch fortsetze. Irgendwann muss ich auch überprüfen können, was aus dem Versuch geworden ist und ob und wie ich mit dem Versuch weitermache. Das gilt im Großen wie im Kleinen: Ich nehme mir zum Beispiel vor, einen Monat lang meine Aufmerksamkeit auf meine Selbstführung im Gedankenbereich zu lenken und gerade jetzt drei Minuten über die Bestandteile meiner Brille nachzudenken oder – wenn ich in einer überschaubaren Wartesituation bin – bis ich unterbrochen werde. Oder – wenn ich Zeit habe – bis ich inhaltlich eine bestimmte selbstgesetzte Grenze erreicht habe, beispielsweise: «Was weiß ich über meine Brillengläser, welche unbeantworteten, sinnvollen Fragen habe

ich diesbetreffend, wie kann ich sie ordnen, wie kann ich die entsprechenden Informationen sammeln?»

Wichtig ist dabei die Einsicht, dass «Üben» zunächst eine jeweils zeitlich begrenzte Ausnahmesituation in Arbeit und Leben ist. Dem widerspricht nicht, dass man das ganze Leben «als Übungsweg» empfinden kann. Ich bin es aber nicht selbst, zumindest nicht in meiner tagesbewussten Persönlichkeit, der mir diesen «Übungsweg» auferlegt. Wenn ich keinen zusätzlichen möchte, ist das meine Entscheidung; in dem Geschilderten hier geht es allerdings um eine freie Überschussaktion, die die Möglichkeit und Gelegenheit dazu voraussetzt. Es gibt die Gefahr, dass ich reale Situationen, Mitmenschen inklusive, «den Ernstfall» des Lebens, bloß zu meiner Selbstbefähigung benutze oder zu sehr auf die Ziele der eigenen Entwicklung schiele. Deshalb ist es hygienisch, Raum und Zeit im Alltag für die Selbstversuche freizuschaufeln. Das erfordert manchmal kleinere organisatorische Maßnahmen (wie Vereinbarungen mit seinen Nächsten, die Tür schließen, das Handy abschalten und so weiter). Das hat an sich schon Übungswert im Hinblick auf Selbstführung.

Konkret, jetzt auf das Beispiel der Gedankenkontrolle bezogen, impliziert dies

- den Willen, das eigene Denken zu stärken (der durch eigene Erfahrungen und Erkenntnisse im Alltag, in der Arbeit oder bei der persönlichen Entwicklung geweckt ist),
- eine Art anfängliche «Selbstdiagnose» im Hinblick auf persönliche Schwächen und Ziele. Dabei können die drei in Schema gefassten Kriterien (oder andere) helfen, zum Beispiel: «Denke ich unlogisch und unklar? Denke ich unselbstständig und lasse mich am liebsten lenken? Denke ich unsachlich, voreingenommen assoziativ?» Wenn die bisherige alltägliche Erfahrung nicht ausreicht, kann ich einfach mit einer Übung anfangen und sie zur Selbsterkenntnis benutzen. Die «Selbstdiagnose»

begleitet als Selbstkontrolle und -korrektur das Üben ohnehin kontinuierlich. Dabei zeigt sich manche ursprüngliche Selbsteinschätzung als Selbsttäuschung.

- die «Operationalisierung» der Übschritte: Was werde ich in der nächsten Zeit wie versuchen? Wenn ich bevorzugt das Selbstdenken verstärken will, kann ich besonders bewusst mit den Momenten, wo ich selbst gefragt bin, umgehen, beispielsweise:

- Über welche Zeitspanne will ich es versuchen?
- Wann werde ich (heute, morgen etc.) üben?
- Wie lange?
- Welches Thema wähle ich dazu? Lege ich dabei Schwerpunkte, halte ich bestimmte Grenzen ein?
- Kann ich auf Beispiele und Anleitung von außen verzichten? Traue ich mir zu, meinen eigenen Weg durch das Gestrüpp meiner Gedanken zu suchen?
- Wage ich es, selbst zu beurteilen, ob ein bestimmter Gedanke zum Thema gehört oder nicht? Kann ich mir meine Überlegung dazu bewusst machen?
- Kann ich andere kohärente Gedankengänge für denselben Inhalt entwerfen?
- Kann ich mir meine Fragen zum Thema bewusst machen?
- Kann ich eigene konkrete Realisierungsmöglichkeiten der Idee des gewählten Gegenstandes ausdenken? Wie würde ich sie zu verwirklichen suchen? usw. Jede einzelne Frage kann mehrmals Übungsminuten ausfüllen.

Wenn ich bevorzugt die gedankliche Logik erüben will, kann ich eine Zeit lang rein begriffliche Themen wählen, philosophische, logische, mathematische oder geometrische Übungen durchführen. Aber ich kann auch versuchen, meine eigenen Gedankengänge rückwärts zu rekonstruieren, mir Rechenschaft ablegen über das Sprung- und Bruchstückhafte, versuchen, die Reihenfolge der Gedanken so zu ordnen, dass die Inhalte sich auseinanderentwickeln oder dass begründbar ist, warum das eine zuerst kommt, dann das andere darauf folgt, mit diesem oder jenem abgeschlossen wird. Man kann dann so lange mit derselben Sache arbeiten, bis man ein lückenlos zusammenhängendes Ganzes daraus gemacht hat. Es kann anregend sein, sich vorzustellen, man hat vor, eine Monografie über den ausgewählten Gegenstand zu schreiben: wie fängt man an, welche Kapitel braucht man, wie baut man sie auf? usw. Oder: wie kann ich das Wesen des Gegenstandes möglichst knapp und eindeutig zusammenfassen?

Zur Versachlichung des Denkens können Vorübungen hilfreich sein. Zum Beispiel: bestimmte Gegenstände beobachten oder sich seine Fragen bewusst machen, gezielte Informationen über den Gegenstand einholen. Auch der gelegentliche Verzicht auf geliebte Gedanken, Gedankenmuster oder Tendenzen (technische, wirtschaftliche, philosophische, ästhetische oder historische usw. Aspekte bevorzugt zu denken) ist eine kräftige Ich-Übung, die der Sachlichkeit zugutekommt.

Ich will hier gar nicht erst versuchen, eine erschöpfende Auflistung der Übungsmöglichkeiten zu geben. Mein Anliegen ist es, zu dem selbstständigen In-die-Hand-Nehmen der eigenen Befähigung anzuregen und damit möglichst vorzubeugen, dass aus der Gnade der Selbstentwicklung die Qual wird, die unter der scheinbar selbst auferlegten Last eines stereotypen, weil missverstandenen Exerzitiums stöhnt. Nach der grundlegenden schriftlich-öffentlichen Darstellung in seiner *Geheimwissenschaft im Umriss* schreibt Rudolf Steiner:

«Wer diese Übungen in genügendem Maße macht, wird während derselben auf manche Mängel und Fehler seines Seelenlebens stoßen; und er wird die gerade ihm notwendigen Mittel finden zur Kräftigung und Sicherung seines intellektuellen, gefühlsmäßigen und Charakterlebens. Er wird gewiss noch manche andere Übungen nötig haben, je nach seinen Fähigkeiten, seinem Temperament und Charakter; solche ergeben sich aber, wenn die genannten ausgiebig durchgemacht werden.»[41]

Darin spricht sich – meine ich – klar der hier gemeinte Selbstführungscharakter dieses Übungsweges aus. Was hierzu am Umgang mit dem Denken gezeigt wurde, lässt sich auf die anderen Bereiche übertragen. Viele Fragen nach dem «richtigen» Üben oder nach dem, was «erlaubt» ist – im Allgemeinen gestellt –, erübrigen sich damit.

**Haben Sie den Mut, selbst zu urteilen und Ihre Schritte zu lenken. Richten Sie einen inneren Versuchsraum ein, in dem Sie die Experimente durchführen, die Ihnen helfen, Ihre Fragen zu beantworten und die Kräfte zu handhaben, mit denen Sie freier umgehen möchten.**

## 3. Der innere Dirigent. Selbstführung im Handeln

Nach dieser ausführlichen Schilderung der Gedankenkontrolle ist es leichter, die sogenannte «Handlungskontrolle» mit den dazugehörigen Übungsmöglichkeiten zu schildern. Schließlich ist der Wille im bewusst geführten Denken schon tätig, Denken ist ein inneres Tun. Handeln ist dann «nur noch» ein äußeres Tun, das aus ihm hervorgehen kann und durch die Gliedmaßen in die Sinneswelt eingreift. Es ist eben kein blindes Wüten oder zufälliges Herumtapsen gemeint, sondern ein bewusstes Handeln, dem ein Zielgedanke oder eine Tatvorstellung zugrunde liegt. Darin können wir unser Dreiecksverhältnis, das wir der Ausbildung des Denkens zugrunde legten, wiedererkennen. Ich bin selbst die Quelle meines Handelns bzw. will es immer mehr werden. Ich muss mir etwas Bestimmtes vornehmen (die Idee dazu fassen, die ich mir selbst als «Befehl», als Handlungsanweisung gebe). In der äußeren Realität, in der Sachwelt, finde ich allerdings Bedingungen, Realisierungsmöglichkeiten und -beschränkungen vor, die ich respektieren bzw. sachgemäß handhaben lernen muss.

Die *Handlungsidee* kann ein kurzfristiges Vorhaben sein oder ein Lebensideal, das mich über lange Strecken meiner Biografie begleitet. Die angepeilte Fähigkeit ist somit sehr umfassend, ein Übungshinweis Rudolf Steiners dagegen miniaturhaft: Ich nehme mir vor, eine kleine, unbedeutende Handlung, zu der ich sonst sicher nicht gekommen wäre, zu einer bestimmten Zeit (und dann unvermeidlicherweise auch an einem bestimmten Ort) durchzuführen, und tue es dann auch!

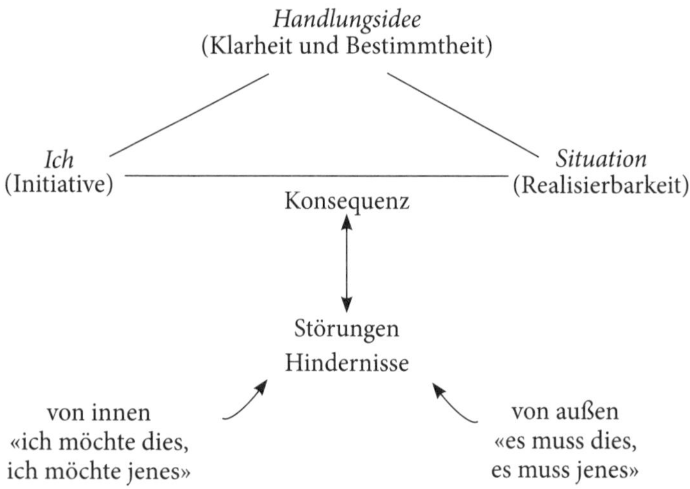


Eine Handlung ist immer *situativ*. Dadurch nimmt die Tat eine bestimmte, konkrete Form an, die nur eine der Verwirklichungsmöglichkeiten der Idee ist. Eine besondere Herausforderung liegt dabei im Umgang mit der Zeit. Eine Handlung ist zeitlich bestimmt, sie hat Anfang, Ablauf und Ende. Selbstführung beinhaltet somit auch – und nicht an letzter Stelle – den Teilaspekt des «Zeitmanagements». Wir wissen aus Erfahrung, wie verführerisch, aber dann auch, wie gefährlich es sein kann, den Zeitpunkt für ein bestimmtes Vorhaben im Ungewissen zu belassen. Die Chancen für die Realisierung des Vorhabens steigen beträchtlich, wenn ich mir einen Zeitpunkt oder eine Frist setze. Wenn es dann gute (und ehrliche) Gründe gibt, den Zeitpunkt zu ändern oder die Frist zu verlängern, ist das (vom inneren Standpunkt her) nicht weiter schlimm. Den geeigneten Zeitpunkt zu finden oder eine realistische Frist zu setzen will gelernt sein. Deswegen ist der Zeitaspekt dieser Übung ein so interessanter Erfahrungsbereich. Rudolf Steiner erwähnt diese zusätzliche Bedingung in seinen Übungsdarstellungen keineswegs immerzu. Mir scheint eine experimentelle Gesinnung in diesem wie in den anderen Übungsbereichen am fruchtbarsten.

Versuchen wir es einmal: Was geschieht, wenn ich mir den Zeitpunkt für die Durchführung einer Handlung völlig offen lasse? Wenn ich eine Frist, zum Beispiel vor Ende der Woche, oder eine Frequenz, zum Beispiel einmal am Tag setze? Wie wirkt es, wenn ich mir mittags «zwischen zwölf und eins» vornehme, und was ist der Unterschied zu «Punkt zwölf»? Pünktlichkeit ist nur ein Teilaspekt der Handlungskontrolle. Manchmal wird dieser Aspekt jedoch verselbstständigt und verabsolutiert: fünf vor zwölf hat es noch keinen Wert, zwei nach zwölf schon wieder nicht mehr. Merkwürdige «Probleme» entstehen daraus: Darf ich die Handlung zwei nach zwölf noch ausführen, oder hätte es um zwölf sein müssen? Nach selbstgeführtem Handeln hört sich das nicht an. Auch hier: weiß ich, was ich will? Tue ich es, weil ich es will? Bin ich bereit, das Nötige zu versuchen und mich selbst aufgrund meiner Erfahrungen zu korrigieren? Dann kann ich viel über mich selbst entdecken, das mir im Umgang mit der Welt im besten Sinne von Nutzen sein wird.

Die *Initiative* geht bis zu der Erfindung der Handlungsidee zurück: sie muss meine «ureigene» sein.[42] Je weniger ich durch das äußere (oder auch innere) Leben zu der Handlung gedrängt oder «motiviert» werde, umso besser, weil sie dann aus eigener Ich-Tätigkeit erfolgt: Der Kraftgewinn entspricht der Anstrengung (vorausgesetzt, es liegt keine Selbstüberforderung vor). Rudolf Steiner scheut tatsächlich nicht davor zurück, in diesem Zusammenhang von «Selbstüberwindung»[43] zu sprechen, von «selbst auferlegten Pflichten»[44] oder gar von «Übungen, zu denen man sich zwingen muss».[45] Die Souveränität des Ich im Willensbereich wird somit sehr betont. Sie umfasst zudem den Bereich der Gewohnheitsbildung. So wie die Gedankenkontrolle durch die Wiederholung beim Üben mit der Gedächtnisbildung konfrontiert wird, so die Handlungskontrolle mit dem Entstehen von Gewohnheiten. In dem Moment, wo eine initiative Handlung zur Gewohnheit geworden ist, legt sie Zeugnis ab von der Macht des Ich bis in die Lebensprozesse hinein, hat aber keinen Übungswert mehr. Zum fortgesetzten Üben muss ich mir dann etwas Neues einfallen lassen. Ich kann das Üben natürlich vorher schon dadurch steigern, dass ich regelmäßig eine kleine Handlung zu den vorigen hinzufüge. Umgekehrt hat das Durchbrechen und Abändern von alten Gewohnheiten ebenfalls eine ichstärkende Wirkung im Willens- und Handlungsbereich. Das bedeutet nicht, dass man gänzlich auf Gewohnheiten verzichten müsste – es sei an die Trennung von Üben und Leben erinnert. Im praktischen Leben ist Gewohnheitsbildung unabdingbar. Aber bleibe ich dabei souverän und flexibel genug? Ich kann mich dessen dadurch vergewissern, dass ich gelegentlich bewusst auf Gewohnheitshandlungen verzichte oder sie umgestalte (zum Beispiel meine Schriftzüge umwandle oder meine Zahnbürste beim Putzen in der anderen Hand halte).[46]

Die Schwächen des Willenslebens können individuell sehr unterschiedlich sein:

- Manche tun sich schwer, eine «ureigene» Handlung zu erfinden.
- Andere trauen sich nicht, sie auszuführen, weil sie sich nicht lächerlich machen möchten (auch vor sich selbst nicht).

- Manche schaffen es nicht, auch nur in die Nähe des vorgenommenen Zeitpunktes zu kommen.
- Andere haben damit kein Problem, stellen dann aber fest, dass sie nicht vorhergesehen haben, dass sie sich in einer Situation befinden, die die Durchführung verhindert (reales Beispiel: auf seinen Stuhl steigen, bis fünf zählen und sich wieder setzen – ureigen und pünktlich, nur war der Betreffende dann in einer Sitzung mit vielen Anwesenden).

Was will ich stärken? Meine Initiativkraft und innere Handlungsfreiheit, die Klarheit und Bestimmtheit meiner Ziele, die Fähigkeit, sie in konkreten Situationen umzusetzen, mein Umgang mit der Zeit, die Beherrschung meiner Gewohnheiten? Eine Dimension, die durch die punktuelle Miniaturübung möglicherweise in den Hintergrund gelangt, ist die Konsequenz meines Handelns. Sie entspricht der Folgerichtigkeit im Denken. So wie der Mangel an Konzentration und Kontinuität im Denken (ein assoziativer Ablauf) eine Eigenschaft vieler heutiger Menschen ist, so auch der Mangel an Konsequenz im Handeln. Ein bekanntes Beispiel dafür besteht in der Tatsache, dass ich mich in ein anderes Zimmer begebe, um dort etwas zu holen, und unterwegs mich dazu verleiten lasse, auf etwas einzugehen, was sich mir aufdrängt. Ich vergesse mein ursprüngliches Ziel, tue etwas anderes und kehre an meinen Platz zurück, ohne das Betreffende mitzubringen. Erst wenn es mir fehlt, fällt mir wieder ein, wozu ich aufgestanden war und ins andere Zimmer gehen wollte.

Auch in größeren, wichtigeren (etwa biografischen) Zusammenhängen fehlt oft die durchgängige «Logik» in unserem Handeln. Wie kann ich bewirken, dass eine Handlung «in logischer Art» aus einer früheren folgt? Habe ich einen Überblick über meine Taten? Kann ich in ihnen eine leitende Idee erkennen? Wie treu bleibe ich mir selbst? Offenbar bin ich hier auf die Ausnahmesituation der Rückschau angewiesen, um festzustellen, ob Sinn, Kontinuität, Zusammenhang in meinen verschiedenen Handlungen liegt. Kann ich das in eine Vorschau umwandeln? Kann ich mir eine bestimmte Handlung aus diesem Grund vornehmen oder auf eine andere, die jetzt nicht dran ist oder nicht unbedingt sein muss, verzichten? Auch hier wird deutlich, dass ein starres, zwanghaftes Handeln ein Zerrbild von Handlungskontrolle ist.

Mein Üben selbst kann Ausdruck von Konsequenz sein, wenn ich mir aufgrund meiner Erfahrung bei vorigen Versuchen Modifikationen für die weiteren ausdenke und durchführe: ich lerne aus meinen Fehlern (und Erfolgen), auf meinem Weg ergibt sich der nächste Schritt aus dem vorigen.

Die Eigendynamik von Emotionen (z. B. die Eskalation von Wut) ist das Gegenteil von selbstgeführtem Handeln. Ihr fehlt auch die längerfristige Konsequenz. Emotionen kommen und gehen, veranlasst durch punktuelle (sich eventuell wiederholende) Anlässe. Deswegen schäme ich mich, wenn ich «mich habe gehen lassen»: ich habe die Würde des Ich-Seins verloren. Die Fähigkeit der Handlungskontrolle schafft Möglichkeiten, das mit mir durchgehende emotionale Ausdrucksgeschehen zumindest zu unterbrechen und in dieser Pause zur Besinnung zu kommen. Im Laufe der Zeit wird sie auch allmählich imstande sein, das Ausdrucksgeschehen selbst zu gestalten aus der klaren Beurteilung der Gesamtsituation heraus. Insofern ist sie ebenfalls eine Teilkompetenz der emotionalen Intelligenz. Emotionalität ist ein Faktor, der die Folgerichtigkeit des Handelns stören kann, in der Regel auf der Basis von unerfüllten oder frustrierten Wünschen und Erwartungen. Häufig werden auch äußere Sachzwänge und Zeitmangel ins Feld geführt, um zu entschuldigen, warum man nicht konsequent war oder nicht das tut, was man wirklich will oder für richtig hält: «das ist nicht realistisch» oder «das ist nicht möglich». Zu diesem Punkt zitiert Rudolf Steiner Goethe: «In der Idee leben heißt, das Unmögliche behandeln, als wenn es möglich wäre.» Und fügt hinzu: «Diese Forderung […] kann nur derjenige erfüllen, welcher sich an dem Begehren dessen, was möglich ist, erst herangebildet hat, um dann durch sein starkes Wollen eben das ‹Unmögliche› so behandeln zu können, dass es sich durch sein Wollen in ein Mögliches verwandelt.»[47] Die Selbstführung im Handeln lässt auf ihre Weise – wie das Denken im Erleben der Idee, hier in der Orientierung am Ideal (ein «Unmögliches», Utopisches) – das Ich seiner Teilhabe an einer übersinnlichen Welt innewerden, wenn auch noch so anfänglich.

## 4. Gefühlskontrolle: Gestaltung des Ausdrucks. Den Künstler wecken

Neben den Gedanken und den Handlungsneigungen und -gewohnheiten bilden Emotionen, Stimmungen und Gefühle einen dritten Bereich, der eine Herausforderung an unsere Fähigkeit der Selbstführung darstellt. Nicht zuletzt über ihn verlieren wir leicht die Kontrolle. Bei vielen Menschen hat das Wort «Kontrolle» in diesem Zusammenhang eine negative Konnotation, wie etwa «unterdrücken» oder gar «verdrängen». In der Folge der Popularisierung der Freud'schen Psychoanalyse hat sich die Überzeugung verbreitet, dass es ungesund sei, Triebe und Emotionen zu «beschneiden». Es sei therapeutisch, die Sprache und das Vorstellungsleben zum Werkzeug emotionalen Ausdrucks zu machen. Das Wort «Katharsis» (Läuterung der Seele) ist dadurch in sein Gegenteil verkehrt.[48] Eine in diesem Sinne konsequente Weiterentwicklung ist das Verlassen der propositionalen (Sätze bildenden) Sprache (davon ist die auf Interpunktion verzichtende, die Sätze zerstörende Sprache Molly Blooms erst eine Vorstufe), bis in der Urschreitherapie Affekt- und Erregungslaute den Primat erringen. Das 20. Jahrhundert führte die philosophische Anthropologie mit der Frage nach Abgrenzungskriterien von Mensch und Tier in die Krise. Dazu gehört, dass der Unterschied zwischen Schreien und Erregungslauten und propositionaler Sprache, die mit dem Vermögen zur Reflexion, zur Distanznahme und begrifflichen Bewältigung einhergeht, an Bedeutung verliert.

Aber erst durch diese Letztere (oder verwandte Symbolisierungen, auf die wir im vierten Kapitel eingehen werden) wird das Seelenleben und dessen Ausdruck gestaltet und damit im eigentlichen Sinne menschlich. Kunst und Kultur entstehen dadurch. Der einzelne emanzipierte Mensch muss sich dabei selbst den letzten Schliff geben. Dazu braucht er Selbstkontrolle. Der Kontrollturm eines Flughafens hat keineswegs die Aufgabe, den Flugverkehr zu unterdrücken, sondern vielmehr, ihn erst recht und sicher zu ermöglichen. Dazu gehört zuerst wache Aufmerksamkeit, Beobachtung der Flugbewegungen aus dem Überblick und Vorgriff heraus. Dann eine gute Kommunikation, Verbindung mit denen, die am Verkehr teilnehmen, mit der Möglichkeit und, wenn es sein muss, Notwendigkeit einzugreifen. Das kann ein Startverbot, ein Aufschub oder eine Umlenkung sein. Wenn der Kontrollturm versagt, werden Unfälle oder andere unerwünschte Situationen sehr wahrscheinlich.

Eine heutige Psyche ist in ihrem Wechselverkehr mit der Welt kaum weniger komplex. Jedenfalls wird derjenige, der sich als Mensch selbst führen will, auf ähnliche Funktionen nicht verzichten können und wollen. Diese Kontrollfunktionen werden durch das Erüben der Gedanken- und der Handlungskontrolle habitualisiert. Durch diese arbeitet das Beobachter-Ich sich immer klarer aus der Seele heraus und festigt sich seine Position. Von seinem Sonderstandort aus kann es sich sowohl seinem eigenen Erleben gegenüberstellen als auch dessen Ausdruck dirigieren.

Wir können unser Dreiecksschema jetzt in folgender Weise auf die Gefühlskontrolle anwenden:

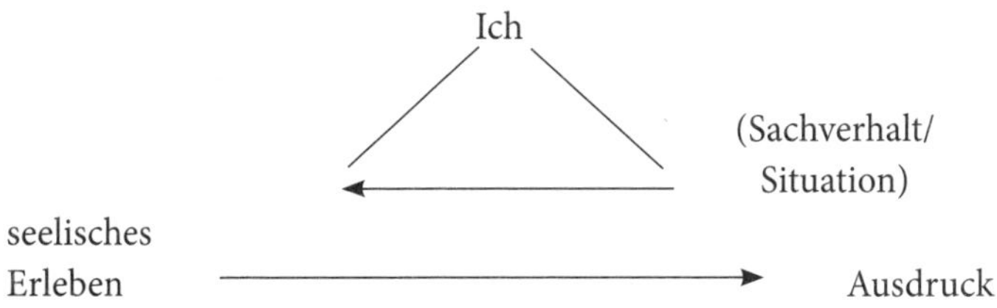


Das Ich sieht sich einer Situation (Objekt, Sachverhalt, Geschehen) und dem eigenen Erlebnis gegenüber, mit dem seine Seele auf diesen Anlass antwortet. Das Gefühlserlebnis kommt (willkürlich oder unwillkürlich) zum Ausdruck. Es liegt im Wesen des Ausdrucks, dass er wahrnehmbar ist. Als solcher ist er somit wieder Teil der Situation, in der er zu einer bestimmten Wirksamkeit gelangen kann.

Daraus lässt sich wieder Orientierung für das Erüben der Selbstführung gewinnen.

Das innere Beobachter-Ich kann mehrere Fragen stellen, beispielsweise

– *erlebnisbezogen:* Ist das seelische Erleben dem Anlass angemessen? Die Frage der Angemessenheit (oder Adäquatheit) kann in zweifacher Hinsicht gestellt werden: qualitativ und quantitativ. Die Gefühlsqualität entspricht im Regelfall einem Merkmal des auslösenden Sachverhaltes. Wenn ich etwas Bedrohliches mit mir selbst in Verbindung bringe, ist meine Furcht (qualitativ) angemessen. Ähnliches gilt für Trauer in Bezug auf eine (für mich relevante) Verlusterfahrung, für Freude als Reaktion auf Erfreuliches. Dass jemand auf einen tragischen Vorfall belustigt reagiert oder nach einem gelungenen Witz zu weinen anfängt, halten wir für inadäquat; wir fühlen uns herausgefordert zu verstehen, was los ist. Aber auch wenn das Gefühl qualitativ angemessen ist, können wir es noch als unverhältnismäßig (quantitativ unangemessen) erleben. Dabei kommen vor allem Intensität und Dauer in Betracht: zum Beispiel wenn jemand sich über eine Kleinigkeit maßlos aufregt und danach tagelang schlecht gelaunt bleibt. Die Beurteilung der Angemessenheit ist allerdings nicht einfach. Viele Faktoren (Charakter, Alter, Kultur usw.) sind zu berücksichtigen. Für ein Kind zum Beispiel hat manches eine andere emotionale Bedeutung als für einen erfahrenen Erwachsenen. In der Regel schiebt sich zwischen Anlass und Erleben das Urteils- und Gedankenleben. Es muss also mit in den Blick genommen werden. Inwiefern wird es der (Bedeutung der) Realität gerecht? Habe ich richtig wahrgenommen oder selektiv, vielleicht verzerrt? Erinnerung an frühere Erlebnisse kann sich zu Recht oder zu Unrecht einmischen. Die Emotionspsychologen reden auch von inneren Schemata, die durch frühere Erfahrungen entstanden sind, der Gefühlsbildung zugrunde liegen und sich dem inneren Blick allzu leicht entziehen. Ich kann also auch versuchen, meine spontane, gewissermaßen automatische und weitgehend unbewusste Einschätzung einer Situation, eines Objektes oder eines Sachverhalts ins Bewusstsein zu heben und infrage zu stellen. Das Erüben der Gedankenkontrolle befähigt mich dazu in zunehmendem Maße. Es kann auf der linken Seite des Dreiecks (siehe S. 57) eventuell hilfreich sein, auch die physiologisch veranlassten Körperempfindungen wahrzunehmen (z. B. Muskelspannung, Herzklopfen). Sie dürfen jedoch nicht mit dem seelischen Gefühlserleben identifiziert werden. Es kommt vor, dass das Gefühlserleben nicht (direkt) in die Aufmerksamkeit gelangt, weil sie anderweitig beansprucht wird. Körperliche Begleitphänomene können mich dann auf meine seelische Befindlichkeit hinweisen.

- *ausdrucksbezogen:* Ähnlich wie beim Erleben kann man beim Ausdruck fragen, wie angemessen er ist: Freudenschreie bei einem verstümmelten Leichnam – wie im Fernsehen bisweilen zu beobachten ist – mögen in unserer Kultur mindestens Befremden auslösen. Oder heftiges Weinen und wochenlanges Trauern, weil die Katze des Nachbarn gestorben ist, mögen einen Verdacht auf psychische Störung wecken, wenn es um einen Erwachsenen geht. Wie schon bei den Gefühlserlebnissen erwähnt, ist die Angemessenheit auch beim Ausdruck kein einfaches Urteilskriterium. Wir sahen schon, dass der biografische Entwicklungsmoment oder der soziokulturelle Kontext mitbestimmend sind. Für unsere Zusammenhänge – Befähigung zur Selbstführung – gilt letztendlich die Selbstbeurteilung des Übenden, ob sein Ausdrucksverhalten mit seinem Gefühlserleben übereinstimmt. Sage ich, kurz bevor ich explodiere: «Mir gefällt die Sache mäßig»? Oder lächle ich, obwohl ich mich ärgere? Verhalte ich mich uninteressiert, obwohl ich starke Zuneigung spüre? usw. Ob der Ausdruck in der *Situation* angebracht oder passend ist, hängt noch von anderen Faktoren ab, etwa meinem Handlungsziel oder der objektiven Aufgabe, die in ihr impliziert ist. Wenn ich morgens schlecht gelaunt aufgestanden bin und gleich in die Schule fahren muss, weil ich Klassenlehrer bin, steht meine vermeintliche «Authentizität» in einer gewissen Spannung mit meiner pädagogischen Aufgabe. Vielleicht werde ich auf jeden Ausdruck meiner Laune verzichten und mich auf mein pädagogisches Handeln zu konzentrieren versuchen, vielleicht werde ich anfangs eine mündliche Mitteilung über meinen Seelenzustand vorwegschicken mit der Bitte um Rücksicht bzw. einer Warnung usw. und mich nach getaner Arbeit um mich kümmern. Wenn die schlechte Laune dann unverändert da ist, werde ich meine Lebenspartnerin um Entschuldigung bitten und einen langen Spaziergang machen. In einer psychotherapeutischen Situation kann die kongruente Mitteilung der eigenen Gefühlsregungen einer gezielten Handlung gleichkommen. Dann ist jedoch noch der geeignete Zeitpunkt einzuschätzen: Ich kann zu früh oder zu spät intervenieren und damit die Wirkung abschwächen. Dieser Punkt wäre mit zahllosen weiteren Beispielen zu variieren. Wir dürfen nicht vergessen, dass noch unterschieden werden kann zwischen

- unwillkürlichem Ausdruck (die andere Seite der physiologischen Änderungen bis in die Gesichtsfarbe und die -mimik)
- leichter beeinflussbarem, nonverbalem Ausdruck wie Gesten, Haltung und Blick, Lautstärke
- verbalem Ausdruck, mündlich, schriftlich oder technisch vermittelt.

Zwischen diesen Ebenen kann es Spannungen und Diskrepanzen geben, die nicht pauschal bewertet werden können. Je nach Situation kann es ins lächerlich Unwahrhaftige gehen, wenn man sich «beherrscht», während einem vom Gesicht abgelesen werden kann, wie man sich fühlt, oder aber die Anstrengung, sich zu beherrschen, wird als rührend empfunden und geschätzt. Schon diese Vielfalt der Ausdrucksmöglichkeiten fordert geradezu zum bewussten Umgang mit diesem Thema auf. Ein komplexes und anspruchsvolles Urteilskriterium können wir *Stimmigkeit* nennen: es ist erfüllt, wenn mein emotionaler Ausdruck sowohl mir und meinem Erleben gemäß als auch der Situation (und meinen Zielen in ihr) gerecht wird.

Deswegen besteht die «Gefühlskontrolle» im engeren Sinne aus der Bemühung, den emotionalen Ausdruck zu beherrschen, nicht aus dem Versuch, die Gefühlserlebnisse selbst zu beeinflussen. Diese treten vorerst als Wahrnehmungen auf – Wahrnehmungen, die wir an uns selbst machen. Wie Sinneswahrnehmungen über die Außenwelt, so geben uns die Gefühle Auskunft über unsere Innenwelt bzw. über unser seelisches Verhältnis zu dem, was uns zu einem Gefühl veranlasst. So wie es fragwürdig ist zu leugnen, was man wahrnehmen kann, so entsteht auch ein gefährdetes Selbstverhältnis, wenn man seine Gefühlserlebnisse nicht wahrhaben will. Es ist zunächst gesünder, wenn ich ihnen Achtsamkeit entgegenbringe. Aber so wie wir die Wirklichkeit einer Wahrnehmung erst erkennen, wenn wir sie denkend durchdringen, so offenbart sich im bloßen Gefühlserlebnis allein ebenso wenig meine seelische Realität. Es kann jedoch Ausgangspunkt meiner Selbsterkundung sein. In der Regel entstehen Gefühle aus der Bedeutung, die wir einer Person, einem Objekt, einem Geschehen oder einem Sachverhalt verleihen im Zusammenhang mit unseren Wünschen, Bedürfnissen, Zielen und Projekten. Vieles davon ist nur bedingt bewusst oder durchdacht. Emotionale Turbulenzen können mich veranlassen, einiges davon ins Bewusstsein zu heben und in Eigenregie zu übernehmen. Dann bin ich aber wieder bei der Selbstführung im Denken (Urteile, Bedeutungen, Gedanken) und im Handeln (bezüglich Bedürfnissen und Zielen). Auf diesem *indirekten* Wege werden sich bestimmt auch meine Gefühlserlebnisse verändern, allerdings meistens nicht schlagartig, weil manches Habituelle dabei im Spiel ist. Nur die Ab- oder Umlenkung der Aufmerksamkeit kann mir kurzfristig helfen, wenn ich überhaupt (noch) die Kraft dazu habe.

Dass mit «Gefühlskontrolle» keine Unterdrückung oder gar Verdrängung gemeint ist, geht auch aus folgendem Steiner-Zitat hervor: «Ein Erfreuliches *soll* die Seele erfreuen, ein Trauriges *soll* sie schmerzen. Sie soll nur dazu gelangen, den *Ausdruck* von Freude und Schmerz, von Lust und Unlust zu beherrschen. [...] Man muss darauf sehen, dass man Lust und Leid voll miterleben kann, ohne sich dabei so zu verlieren, dass man dem, was man empfindet, einen unwillkürlichen Ausdruck gibt.»[49]

Deswegen kann es hilfreich sein, den Begriff der «Gestaltung» in diesem Zusammenhang zu verwenden. Es kann als eine künstlerische Aufgabe betrachtet werden, seinen seelischen Erlebnissen angemessen und stimmig – situativ flexibel, wie musikalisch improvisierend, mal stillhaltend, mal sich einfügend, mal ein neues Motiv oder einen Rhythmuswechsel einleitend – einen gestalteten Ausdruck zu verleihen.

Unser Dreiecksschema kann folgendermaßen ergänzt werden:

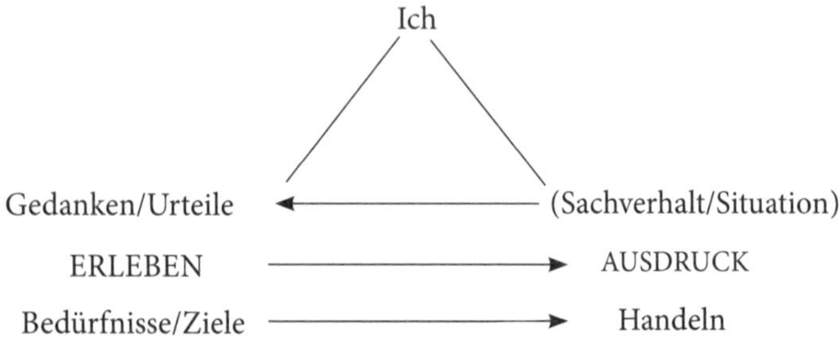


Das Ich setzt sich in ein Verhältnis zur Außen- wie auch zur eigenen Innenwelt. In diesem Verhältnis kommen die Erlebnisse aufgrund der Bedeutung zustande, die ein Sachverhalt für mich hat. Sie hängt wieder mit meinen Bedürfnissen zusammen. Auf beides kann ich meine Aufmerksamkeit lenken. Der Ausdruck meines Gefühls wirkt schon wieder in die Situation hinein. Wenn ich mir dessen bewusst bin, werde ich ihn gestalten wollen. Darüber hinaus lösen Emotionen häufig auch sach- oder problemorientierte Handlungstendenzen aus: Wenn ich mich ärgere (z. B. weil mein Auto gerade dann nicht startet, wenn ich dringend irgendwohin muss), will ich meinem Ärger nicht nur Ausdruck verleihen, sondern womöglich auch den Anlass zum Ärger verändern oder aus der Welt schaffen (etwa ein Taxi rufen). Das kann ebenfalls dazu auffordern, den unwillkürlichen Ausdruck zu zügeln. Zwei Seiten des Ich sind angesprochen, die durch die Gedanken- und Handlungskontrolle gestärkt werden: die Achtsamkeit und die Gestaltungskraft. Dies erinnert uns an die Charakterisierung des Ich als «ein Wille, dem ein Auge eingesetzt ist».[50]

Im dritten Kapitel werden wir diese Sicht weiterführen. Es wird sich zeigen, dass die Beherrschung des Ausdrucks nicht zur Abstumpfung, sondern vielmehr zur Intensivierung der Empfindungen und Gefühle führt. «Ja, man wird für die Freuden und Leiden in der Welt erst dann richtig empfänglich, wenn man sich nicht mehr verliert im Schmerz und in der Lust, wenn man

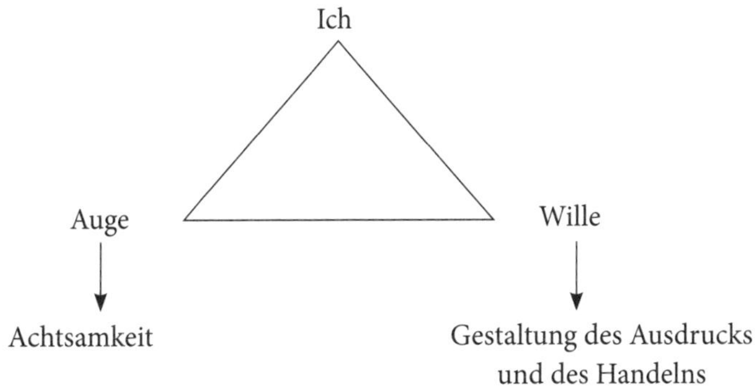


nicht mehr egoistisch darin aufgeht. Die großen Künstler haben gerade durch diese Gelassenheit am meisten erreicht, weil sie sich dadurch die Seele aufgeschlossen haben für subtile und innere wichtige Dinge.»[51] Auch die Selbstführung im Fühlen führt zum Aufwachen für seelisch-geistige Weltaspekte.

## 5. Die Waage – Positivität und Unbefangenheit

Die Gefühlskontrolle führt uns zur Empfänglichkeit, öffnet uns für die Welt. In den ersten drei Eigenschaften hat es zunächst den Anschein, als ob wir uns vor allem mit unserem eigenen Seelenleben, Denken, Fühlen und Wollen, auseinandersetzen. Und vordergründig ist das ja auch so. Doch genauer betrachtet führt die Ich-Tätigkeit immer zur Gesetzmäßigkeit der Welt. In der Gedankenkontrolle kommt diese Gesetzmäßigkeit als Idee, begrifflicher Zusammenhang oder deren Widerspiegelung in der Sachlichkeit zum Ausdruck, in der Handlungskontrolle durch die Auseinandersetzung mit Raum und Zeit, mit den Möglichkeiten und Beschränkungen der äußeren Welt, mit der Durchführbarkeit, aber auch mit der Handlungsidee als Ideal, in der Gefühlskontrolle wie ausgeführt: in der Angemessenheit ist das Maß der Welt implizit vorhanden. Durch die Ausdruckskontrolle steigert sich die Offenheit.

In den nun folgenden Eigenschaften jedoch findet die Wendung zur und die Begegnung mit der Welt offenkundig und vorrangig statt. Welche Haltung oder Gesinnung der Welt gegenüber ist dem Ich gemäß? Wir könnten auch fragen: Wozu die Selbstführung in Denken, Fühlen und Wollen ausbilden? Die Antwort liegt im Wesen des Ich: es ist ein Weltwesen. Wir wiederholen: Gemeint ist nicht unser subjektives seelisches Selbsterleben, das Ego, sondern die aktive Selbstführungskraft. Das Ich ist jedoch auch ein Werdewesen, ein sich entwickelndes und sich entwickeln wollendes. Seine Tätigkeit ist immer selbstverstärkend, es nährt sich an seiner eigenen Aktivität. Die beiden Aspekte zusammen charakterisieren die Haltung der Welt gegenüber: in allem die Entwicklungsmöglichkeiten suchend und sich damit verbindend. Genau das ist mit *Positivität* gemeint. Rudolf Steiner nennt es auch «Verständnis für ein jegliches Wesen»[52] oder «Sinn für Bejahung»[53], das heißt, das Verständnis wird aus dem anderen Wesen selbst heraus gesucht, dadurch, dass ich mich in es versetze und nicht dadurch, dass ich es ins Prokrustesbett meiner bisherigen Verständnismöglichkeiten zwinge. Selbstverständlich ist das eine Tätigkeit: die entsprechende Gesinnung muss tätig hergestellt, das «Positive» gesucht werden, ich muss mein Augenmerk gezielt darauf richten.

Ich-Tätigkeit hat auch immer eine Kehrseite, umfasst gewissermaßen eine «negative» Aktivität, die im Zügeln gewisser seelischer Neigungen besteht. In diesem Fall ist diese Neigung die Kritik, die uns als Zeitgenossen aufgrund unserer Intellektualität und unseres teuren Selbstwertgefühls fast zum Instinkt geworden ist. Das Kritisieren trennt uns jedoch von der Welt und sperrt uns noch mehr in uns selbst ein, als das ohnehin schon der Fall ist. Ganz anders wird es, wenn Kritik im Rahmen einer dominanten positiven Gesinnung stattfindet. Wir müssen uns zuerst fragen, ob unsere Kritik nicht unnötig, überflüssig ist. Wenn ja, tun wir gut daran, auf sie zu verzichten. Wenn nein, wie kann sie zur Verbesserung der Verhältnisse beitragen? Man spricht zu Recht von «aufbauender» Kritik. Dies soll betont werden, weil Positivität keineswegs Urteilslosigkeit meint:

«Man darf diese Sache nicht so auffassen, als ob man schwarz weiß und weiß schwarz nennen sollte. Es gibt aber einen Unterschied zwischen einer Beurteilung, die von der eigenen Persönlichkeit bloß ausgeht und Sympathie und Antipathie nach dieser eigenen Persönlichkeit beurteilt.»[54]

Wir merken, dass hier im Besonderen die Gedanken- und Gefühlskontrolle auf höherer Stufe vereinigt wieder auftreten: in der Zügelung des kritischen Urteils wie auch der Sympathie und Antipathie. Positiv gewendet:

«Es gibt einen Standpunkt, der sich liebevoll in die fremde Erscheinung oder das fremde Wesen versetzt und sich überall fragt: Wie kommt dieses Andere dazu, so zu sein oder so zu tun? Ein solcher Standpunkt kommt ganz von selbst dazu, sich mehr zu bestreben, dem Unvollkommenen zu helfen, als es bloß zu tadeln und zu kritisieren.»[55]

Hier kommt deutlich das denkende Herz zum Tragen. Der Wille zieht «von selbst» die Konsequenzen, als Handlungswille folgt er dem liebevollen Verständniswillen.

In unserer Zeit erfreut sich das sogenannte «positive Denken» eines gewissen «Erfolgs». Es muss von dem hier Gemeinten klar unterschieden werden, insofern bei jenem positive Eigenschaften «eingebildet» und nicht gesucht werden. Statt Gedankenkontrolle, die sich an der Wirklichkeit orientiert, wäre hier die Bezeichnung «Wunschdenken» angemessener, statt Selbstführung findet Einbildung, Autosuggestion statt. Der Erkenntniswille wird verdrängt durch den selbstbezogenen Wunsch nach Milderung des Leidens – den man «verstehen» und anerkennen kann, den man aber nicht ausnützen und zu Maßnahmen verführen darf, die das Gegenteil bewirken. Der Verhaltenstherapeut Günter Scheich hat auf die Gefahren dieses Zerrbilds der «Positivität» hingewiesen und beschreibt auch anschaulich Schicksale, die dadurch in noch schwereres Leiden geraten sind.[56]

Entscheidend ist somit der liebevolle, aber urteils-, d.h. unterscheidungsfähige Blick auf die Realität als Prozess. Die Positivität öffnet das Auge für Verborgenes. Das Gemeinte lässt sich an jedem Beruf, in dem es um Menschen geht, illustrieren. In der Pädagogik beispielsweise ist die Liebe zum Kind die wirksame Erziehungskraft. Echte Liebe geht allerdings auf das individuelle Wesen. «Allgemeine Menschenliebe» reicht nicht aus. Zweitens: Kinder sind Werdewesen. Das impliziert schon den Unterschied zwischen dem, was schon da ist, und dem, was noch nicht da ist. Mein Streben geht auf die Verwirklichung dessen, was noch nicht da ist. Ich kann es mir jedoch nicht bloß herbeiwünschen oder gar tun, als ob es schon da wäre und alles schönreden. Ich muss sehen, was dessen Verwirklichung im Wege steht, auch im Kind selbst, und dementsprechend entgegenarbeiten. Das tue ich aber im Rahmen der positiven Entwicklungsperspektive, die ich aus den konkreten Möglichkeiten dieses besonderen Kindes selbst schöpfe.

Oder schauen wir auf die Psychotherapie. Wir brauchen vielleicht nicht so weit zu gehen, dass wir jede Art des diagnostischen Denkens von vornherein ablehnen, aber die Frage ist wichtig, ob und wie es für die seelisch-geistige Gesundungsarbeit fruchtbar wird. Selbstverständlich muss ich einen Blick für die Probleme haben, die Anlass sind, dass sich jemand überhaupt in eine Psychotherapie begibt oder damit einstimmt. Aber es darf als eine positive Entwicklung betrachtet werden, dass zum Beispiel in neueren Therapierichtungen nicht mehr nur pathogenetisch – nach dem Krankheitsmodell –, sondern auch «ressourcenorientiert» vorgegangen wird: nicht nur auf Mängel und Defizite schauen, auf das, was gestört oder gar nicht da ist, sondern auf verbliebene Fähigkeiten, Kräfte und Stärken und sich mit diesen therapeutisch verbünden. Erst dann gibt es eine sinnvolle Perspektive, mit dem «Defizitären» umzugehen (wenn wir uns nicht auf Reparatur eines Zu-funktionieren-Habenden beschränken wollen). Die Salutogenese setzt noch radikaler an und fragt nach den Quellen der Gesundheit und wie sie gestärkt werden können.[57]

Im Zusammenhang der Positivität erzählt Rudolf Steiner immer wieder eine persische Legende, die wir hier in einer Goethe'schen Fassung bringen:

«Die persische Legende»

Herr Jesus, der die Welt durchwandert,
Ging einst an einem Markt vorbei;
Ein toter Hund lag auf dem Wege,
Geschleppet vor des Hauses Tor,
Ein Haufe stand ums Aas umher,
Wie Geier sich um Äser sammeln.
Der eine sprach: «Mir wird das Hirn
Von dem Gestank ganz ausgelöscht.»
Der andre sprach: «Was braucht es viel,
Der Gräber Auswurf bringt nur Unglück.»
So sang ein jeder seine Weise,
Des toten Hundes Leib zu schmähen.
Als nun an Jesus kam die Reih',
Sprach, ohne Schmähn, er guten Sinns,
Er sprach aus gütiger Natur:
«Die Zähne sind wie Perlen weiß.»
Dies Wort macht den Umstehenden,
Durchglühten Muscheln ähnlich, heiß.[58]

Das Gedicht baut eine Polarität auf: der Einzelne («Jesus») steht der Kollektivität («ein Haufe») gegenüber. Die Qualität der Positivität hängt mit der Ichhaftigkeit zusammen, mit der Kraft zur Individualisierung im Menschen. Das Gruppenhafte im Menschen drängt ihn bevorzugt zum Kritisierbaren. Dieses wird hervorgehoben und emotionalisiert. Man infiziert sich dabei gegenseitig und legt sich in kaum noch korrigierbaren negativen Urteilen fest.

Damit verbindet sich eine Selbstgefälligkeit, die sich am Heruntermachen des Betrachteten nährt. Es gehört Mut und Kraft dazu, sich dieser kollektiven Gewalt zu widersetzen, die Aufmerksamkeit gezielt auf weniger Sensationelles, dafür aber Positives zu lenken, dazu zu stehen und es auszusprechen. Aber wenn es ausgesprochen wird, weckt diese Kraft auch in denen, die der Kollektivität verfallen waren, das Bewusstsein ihrer eigenen (versäumten) Möglichkeiten: ein eigenes Ich zu sein, selbstständig in die Welt zu schauen und zu urteilen, sich mit dem zu verbinden, was weiterführt. Was sind diese Zähne des Tieres? Sie sind nicht nur ein ästhetischer Eindruck (wenn ich den entsprechenden Blick dafür habe), sie sind auch das, was dem Zahn der Zeit trotzt, was inmitten des Verwesenden standhält. Das Ich bildet ein Organ aus für das, was nicht dem Untergang geweiht ist, und stellt sich auf die Seite des Weitergehenden. Die Scham, die in dem merkwürdigen Bild der durchglühten Muscheln zum Ausdruck kommt, ist ein Gefühl, das erzieherischen Wert hat, wenn es ehrlich durchlebt wird: zu dem aufgewachten Bewusstsein gesellt sich die von innen nach außen strömende Wärme des eigenen Ich, das jeden Menschen sich selbst erleben und zu sich kommen lässt.

Trotz allem kann nicht geleugnet werden, dass auch Positivität im Sinne der Erfolgsintelligenz noch instrumentalisierbar ist: sie kann in den Dienst eigener oder Gruppeninteressen gestellt werden. Man kennt heute den «Wert» einer positiven Einstellung, von Hoffnung und Optimismus. In Golemans Buch gilt es als «bewiesen», dass diejenigen, die über diese Tugenden verfügen, im Durchschnitt erfolgreicher sind als die anderen.

Erst eine weitere Eigenschaft schaltet diese Instrumentalisierbarkeit gründlich aus: die *Unbefangenheit*. Mit ihr ist die Haltung der Offenheit gegenüber der Zukunft, dem Kommenden gemeint. Das impliziert nämlich, dass ich mich nicht auf meine eigenen Ziele versteifen, mich nur auf die Verwirklichung meiner eigenen Pläne und Vorstellungen fixieren kann. Ich bin kein guter Erzieher, wenn ich meine Zöglinge konform meiner – noch so positiv gemeinten – Vorstellungen erziehe und meine erzieherische Tätigkeit nur dann für gelungen halte, wenn das auch wirklich zustande kommt. Dass das Zukünftige nach Maßstäben aus der Vergangenheit (auch wenn es «positive» Zukunftsvorstellungen sind) beurteilt wird, ist eben das Gegenteil von dem, was mit Unbefangenheit gemeint ist. In ihm erfährt «das Denken in Verbindung mit dem Willen (...) eine gewisse Reifung»[59], behauptet Rudolf Steiner. Tatsächlich ist hier wieder Gedankenkontrolle vorausgesetzt: Ich muss meine Vorstellungen zügeln können, sowohl meine Erinnerungen, meine Erfahrungen als auch meine Zielvorstellungen und Erwartungen, überhaupt meine Vorstellungen dessen, was in Zukunft kommen kann. Aber auch mein Begehren, meinen eigenen Willen, dass die Dinge so sind und bleiben oder kommen müssen, wie ich es will, muss ich bezwingen können. Positiv gewendet heißt das: Ich bleibe in meinem Denken offen für noch unerfahrene Möglichkeiten: dass es anders sein oder kommen kann, als ich es mir vorstelle, für noch Unbekanntes; und ich will nicht nur das Bekannte, Vertraute, Sichere, sondern das Offene, das andere, das Kommende, das noch keine Gestalt hat. In der Unbefangenheit kulminiert die Qualität, die in den Teilfähigkeiten der Selbstführung von Anfang an impliziert war: die Verbindung des Ich mit zunächst verborgenen, geistigen Aspekten der Welt. Nietzsche bringt sie treffend zum Ausdruck im folgenden Gedicht:

«Nach neuen Meeren»

Dorthin – *will* ich; und ich traue
Mir fortan und meinem Griff.
Offen liegt das Meer, ins Blaue
Treibt mein Genueser Schiff.

Alles glänzt mir neu und neuer,
Mittag schläft auf Raum und Zeit –:
Nur dein Auge – ungeheuer
Blickt mich's an, Unendlichkeit![60]

Auch diese Qualität entspricht dem Ich als Werdewesen, dem Ich, das niemals ist, sondern immer wird, das sich von der Zukunft her entwirft. Ein starker Wille voller Selbstvertrauen verzichtet auf die Vorstellungen und öffnet sich den unendlichen Möglichkeiten einer sich erneuernden Welt. Das Besondere daran ist die Verbindung eines starken Willens mit der grundsätzlichen Offenheit für das Kommende.

In Rudolf Steiners Darstellungen dieser Eigenschaft wird das Ich als erkennendes und handelndes Wesen angesprochen. Zum einen geht es um seine Bereitschaft, die eigenen Meinungen «zu prüfen und zu berichtigen»,[61] «sich von etwas Neuem, das ihm entgegenkommt, zu einer anderen Meinung bringen zu lassen».[62] Zum anderen um seine Kraft, sich von äußeren Widerständen oder Misserfolgen nicht in die Irre führen zu lassen bezüglich seiner Handlungsziele: «Er [der Mensch] vertraut auf die Wirksamkeit dessen, was er unternimmt. Zaghaftigkeit und Zweifelsucht verbannt er aus seinem Wesen. Hat er eine Absicht, so hat er auch den Glauben an die Kraft dieser Absicht. Hundert Misserfolge können ihm diesen Glauben nicht nehmen.»[63] – Auch hier baut sich eine interessante Spannung auf, nämlich zwischen:

| Bereitschaft, sich belehren zu lassen | ⟷ | seinen Handlungszielen treu bleiben |
|---|---|---|

Das Erste könnte in Zweifelsucht und Zaghaftigkeit, das Zweite in Starrsinn und Unbelehrbarkeit ausarten. Überbrückt kann der Gegensatz nur werden, wenn ich mich am Ideellen orientiere und weder meine Absichten noch ihre Umsetzung vorstellungsmäßig fixiere. In diesem Sinne ist die Unbefangenheit ein Weg zur Ausbildung moralischer Fantasie (im Sinne von handlungsbezogener Fantasie): die Fähigkeit, eine Handlungsidee (ein Ideal) in Vorstellungen zu gießen, die beweglich genug sind, um unterschiedliche Situationen und zukünftige Entwicklungen in sich aufnehmen zu können.[64]

Die Qualität der Unbefangenheit eignet sich ausgezeichnet, um auf das Prinzip der «geistigen Waagschale» hinzuweisen (das schon früher impliziert war). Rudolf Steiner spricht es hier explizit an:

«Es wird […] leicht möglich sein, in Bezug auf eine solche Fähigkeit zu weit zu gehen. Man soll ja nicht etwa in einem gewissen Lebensalter die Erfahrungen, die man über die Dinge gemacht hat, außer Acht lassen. Man soll, was man in der Gegenwart erlebt, nach den Erfahrungen der Vergangenheit beurteilen. Das kommt auf die eine Waagschale, auf die andere aber muss […] die Geneigtheit kommen, immer Neues zu erfahren. Und vor allem der Glaube an die Möglichkeit, dass neue Erlebnisse den alten widersprechen können.»[65]

Wir werden hier an die aristotelische Tugendlehre erinnert, die die Tugend als höhere lebendige Mitte zwischen zwei Lastern auffasste. Bekannt ist sein Beispiel, Mut sei nicht als Gegensatz von Feigheit, sondern als Mitte zwischen Feigheit und Übermut zu betrachten.

Feigheit ⟵—— Mut ——⟶ Übermut

In der heutigen Zeit tritt diese Tugendlehre in der Kommunikationspsychologie von Schultz von Thun in Form der Wertequadrate wieder auf.[66] Auf die Unbefangenheit angewendet kämen wir etwa zum Folgenden:

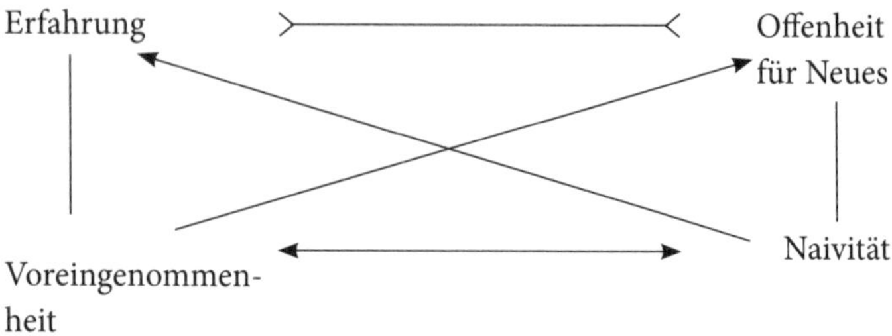


Das obere Paar bildet eine dynamische Spannung, in der die Pole einen Bezug zueinander halten. Die Tugend lebt von beiden und bildet tatsächlich eine lebendige Mitte, die mal mehr nach links, mal mehr nach rechts rücken wird – nach Maßgabe des situativ urteilenden Ich. Im unteren Paar stehen sich zwei Laster gegenüber, die sich gegenseitig nur weiter polarisieren: Je naiver der eine sich gebärdet, umso mehr wird der andere auf seinem (Vor-) Urteil bestehen – wenn sie überhaupt miteinander zu tun haben wollen. Heilung ist nur als Entwicklungsprozess über die Diagonale möglich: Naivität wird durch Erfahrung, Voreingenommenheit durch Offenheit für Neues überwunden.

Ähnliches gilt für die vorher bezeichnete Spannung:

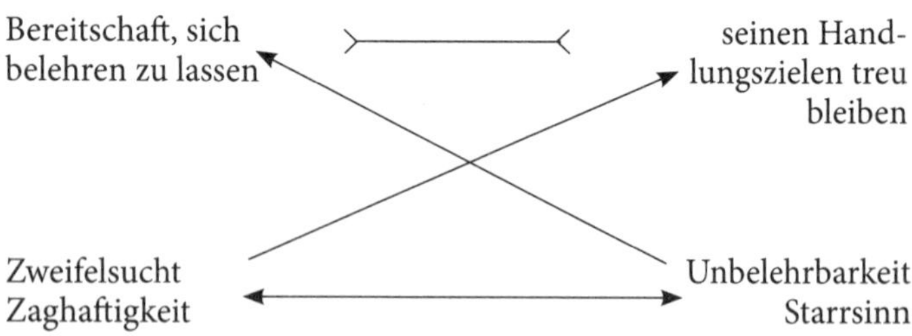

Zwischen dem oberen Paar steht die Tugend, in diesem Fall Unbefangenheit. Merkwürdigerweise fehlt uns häufig ein eindeutiges Wort für die Mitte. Vielleicht ist das die Folge einer weit verbreiteten dualistischen Tugendlehre, die das Gute dem Bösen entgegensetzt. Das führt im Sozialen jedoch häufig dazu, dass ich mich selber oben situiere, aus der Mitte rücke und meinen Konfliktpartner unten am anderen Ende der Diagonalen situiere – und umgekehrt: ich meine, ich sei bereit, mich belehren zu lassen, aber der andere sei starrsinnig. Dieser jedoch meint, er bleibe seinen Zielen treu und ich sei zaghaft. Damit ist eine Eskalation des Konfliktes vorprogrammiert. «Entspannung» kann paradoxerweise nur eintreten, wenn die Partner bereit sind, in die Spannung des oberen Paares einzutreten und dort ihrem «Gegner» zu begegnen. Dazu ist Ich-Kraft gefordert. In der Unbefangenheit hält das Ich sich frei von seinem Gewordenen und stärkt seine Entwicklungs- und Zukunftsfähigkeit.

Üben kann ich diese Tugend dadurch, dass ich – wie bei der Positivität das Positive – gezielt ein Neues in jeder Erscheinung suche und mein Urteil «Das kenne ich schon» oder «Das kann nicht sein» zurückhalte. «Wir müssen auf dem Ausguck stehen, um herauszufinden, wo wir etwas Neues lernen können.»[67] Dazu gehört im Besonderen, dass wir unseren Mitmenschen unvoreingenommen zuhören lernen.

## 6. Soziale Tugenden? Die schwierige Ehe von Üben und Leben

In dem Maße, wie wir uns auf diesem Übungsweg der Welt zuwenden, begegnen wir auch dem sozialen Leben. Das wird vor allem bei der Positivität und der Unbefangenheit offensichtlich. Wie schwer fallen sie uns gerade unseren Mitmenschen gegenüber! Und umgekehrt: Wie sehr leiden wir darunter, dass unsere

Kollegen uns mit dem Bild identifizieren, das sie sich von uns gemacht haben, dass sie uns so wenig unvoreingenommen und verständnisvoll entgegenkommen oder dass sie so wenig emotionale Selbstkontrolle üben, so wenig zuverlässig sind und in Besprechungen abschweifen, immer nur ihre eigenen Absichten verfolgen – so jammern wir. Es liegt auf der Hand, die Übungen zur Ausbildung dieser Eigenschaften im sozialen Leben und in der Arbeit anwenden zu wollen.[68] Wir können uns problemlos lebhaft vorstellen, wie es wäre, wenn unsere Lebenspartner oder Mitarbeiter über diese Eigenschaften verfügen würden. Warum nicht miteinander vereinbaren, bestimmte Aspekte eine Zeit lang gemeinsam zu üben? Dazu liegen schon Anregungen vor. Rudolf Steiner selbst scheint dazu Anlass zu geben.[69] Häufiger berührt er soziale Aspekte der Übungen. Bei der Unbefangenheit haben wir schon auf das Zuhörenkönnen hingewiesen. Ebenso bei der Positivität: «So ergeht er sich nicht in abfälligen Urteilen, sondern er nimmt das Notwendige hin und sucht, soweit seine Kraft reicht, die Sache zum Guten zu wenden. Andere Meinungen betrachtet er nicht nur von seinem Standpunkte aus, sondern er sucht sich in die Lage des anderen zu versetzen.»[70] Bei der Gefühlskontrolle: «Wir müssen den Weg finden, um gleichsam hineinzukriechen in andere Wesen, um mit ihnen zu fühlen.»[71] Wegen der Folgerichtigkeit meines Handelns kann ich mich darum bemühen, zuverlässiger zu werden, meine Versprechen einzuhalten und pünktlich zur vereinbarten Zeit zu erscheinen. Und wegen des Zusammenhangs im Denken kann ich nicht nur versuchen, selbst eine sinngemäße Richtung einzuhalten, sondern wenn ich unlogische Gedanken höre, mir «sogleich das Richtige durch den Kopf» gehen zu lassen. Allerdings: Wer das tut, «soll nicht lieblos sich einer vielleicht unlogischen Umgebung entziehen, um seine Entwicklung zu fördern. Er soll auch nicht den Drang in sich fühlen, alles Unlogische in seiner Umgebung sofort zu korrigieren. Er wird vielmehr still in seinem Innern die von außen auf ihn einstürmenden Gedanken in eine logische, sinngemäße Richtung bringen.»[72]

Dies mag Anlass sein, nochmals auf die Frage des Übens zurückzukommen. Schon bei der Gefühlskontrolle kann es fragwürdig scheinen, ob Üben und Leben voneinander getrennt werden können, wie wir vorher behaupteten. Gedanken- und Handlungskontrolle kann ich punktuell in einer Ausnahmesituation üben, aber setzt Gefühlskontrolle nicht real auftretende Gefühle und eine quasi-permanente Achtsamkeit auf sie voraus? Bei der Positivität und der Unbefangenheit und gar bei der sozialen Anwendung scheint sich dieses Problem nur noch zu steigern. Oder ist unser Ausgangspunkt – Trennung von Üben und Leben – falsch?

Zweifellos konvergieren Üben und Leben insofern, als Fähigkeitsbildung Lebenskonsequenzen herbeiführt. Diese treten jedoch im Lebensprozess allmählich auf und müssen nicht absichtlich als solche bewirkt werden. Wer das versucht, kommt in Teufels Küche. Meiner Erfahrung nach erreiche ich meistens nicht wirklich, was ich erstrebe, und bleibe möglicherweise gar hinter dem zurück, was das Leben mir beibringt, wenn ich mich darauf einlasse. Wenn man krampfhaft versucht, eine Seelenhaltung zu bewahren, die dem tatsächlichen Gemütszustand nicht entspricht, wird das vom Gegenüber möglicherweise mit Unbehagen als Unwahrhaftigkeit oder Beeinflussungsversuch empfunden, wie wir früher schon andeuteten. Zu der eigenen Verkrampfung und Unwahrhaftigkeit und der Instrumentalisierung des anderen (in dem Dienst der eigenen Entwicklung) tritt noch Unsachlichkeit hinzu. Mindestens in Arbeitssituationen, aber auch in den meisten Lebenssituationen gibt es inhärente Aufgaben, die mit meinem selbst gesetzten persönlichen Entwicklungsziel nichts zu tun zu haben brauchen. Wenn eine sachliche, verantwortungsvolle Entscheidung ansteht, kann es sein, dass ich mich über mein Verständnis für den Standpunkt eines Kollegen oder meine Offenheit für das Unwahrscheinliche – nachdem ich sie aufgebracht habe! – tatsächlich hinwegsetzen muss. Es kann vorkommen, dass ich scharfe Kritik üben und Konsequenzen folgen lassen muss. – Oder wenn ich um jeden Preis verhindern will, dass Gefühle von Antipathie oder auch Sympathie einem Menschen gegenüber zum Ausdruck oder zur Wirkung gelangen, wie soll ich da meine Lebens-, meine Schicksalserfahrungen machen bzw. die anderen zu ihrem Schicksal kommen lassen?

Übung im hier gemeinten Sinne kann nicht an die Stelle des Lebens treten, sie ist eine zusätzliche, aus freier Initiative geschaffene Schicht im Leben, durch die ich Zukunft einlade, ohne diese in meine Gewalt zu bringen oder auch nur bringen zu wollen. Dazu kann ich am besten Freiräume im Leben schaffen, in denen ich versuche, mich aus dem Lebensstrom zu erheben und ihn zu überblicken. Im Besonderen durch die Gedanken- und Handlungskontrolle bilde ich denjenigen in mir aus, der dazu imstande ist: den inneren Beobachter. Es empfiehlt sich meines Erachtens, ihn im weiteren Verlauf des Übens zuerst im *Rückblick* zu betätigen,[73] nachdem ich aus dem Lebensstrom herausgetreten bin, um diesen innerlich Revue passieren zu lassen.

Das geschieht auch naturgemäß beim wirklich bewussten Üben, brauche ich doch eine Selbsteinschätzung für meine Zielsetzung. Die erfordert ein herausgehobenes, überblickendes Rückschauen. Aus diesem Rückblick kann sich eine willenshafte Vorschau (im Stile der Handlungskontrolle) entwickeln: ich nehme mir dieses und jenes vor, versuchsweise. Die Beurteilung des Versuchs findet nachher wieder in der Rückschau statt usw. Das wird umso fruchtbarer, je bewusster ich dabei die Schwelle vom Übungs- in den Lebensraum überschreite. Ich gehe nicht unvorbereitet in diesen Raum hinein, aber in dem Augenblick, in dem ich ihn betrete, setze ich mich voll und ganz den dort waltenden Kräften aus. Diese einzigartige, nicht wiederholbare Situation mit all ihren Einzelheiten, wie sie mir dann begegnet, konnte ich in der Vorstellung nicht antizipieren. Die Vorstellung ist sogar stark illusionsanfällig. Ich kann mir zum Beispiel lebhaft vorstellen, wie ich einem «ekelhaften» Menschen frei von meiner Antipathie begegne, aber wie geschieht mir, wenn ich ihn physisch-sinnlich treffe? Ich bin darauf angewiesen, wie und in welchem Maße aus meinem Lebensstrom, aus meinem Fähigkeitswesen heraus die Früchte meines Übens sich im allgemeinen Geschehen, an dem ich teilhabe, auswirken. Vertrauen in die Lebenszusammenhänge muss verhindern, dass ein verkrampftes Bewusstsein das Leben erstickt. Das Vertrauen nährt sich aus dem Wissen um den kommenden Rückblick und den daraus wieder hervorgehenden Entschlüssen. Es entsteht eine Art Atmungsvorgang, die erst die richtige Ausdauer fürs Üben ermöglicht. Sowohl für die Gefühlskontrolle als für die Positivität und Unbefangenheit kann ich zum Beispiel abends oder auch zu anderen ausgewählten Zeiten den vergangenen Tag oder auch nur bestimmte Situationen und Ereignisse innerlich Revue passieren lassen und mich fragen:

- Wie war ich gestimmt? Wie hat diese Befindlichkeit das Geschehen beeinflusst? Welche Gefühle habe ich durchlebt? Wie kamen sie zum Ausdruck? Wie wirkte das im Gesamtzusammenhang? Habe ich die Gemütsbewegungen der anderen mitbekommen? Gibt es Veränderungsbedarf? Möchte ich in kommenden Situationen etwas Bestimmtes versuchen? Wie könnte das etwa aussehen?
- Wie kritisch war ich gestimmt? Habe ich mich negativ geäußert und verhalten? Gab es positive Momente, an die ich hätte anknüpfen können, die ich während des Geschehens selbst nicht bemerkt habe, jetzt jedoch sehen kann? Kann ich im Nachhinein mehr Verständnis für die anderen gewinnen, das Ganze einmal aus ihrem Blickwinkel zu sehen versuchen? Was könnte das für kommende Situationen bedeuten?
- War ich unbefangen genug? Bin ich überhaupt bereit, mich vor der Einmaligkeit und Unwiederholbarkeit der jeweiligen Gegenwart zu öffnen? Welche meiner Urteile ergaben sich aus

meiner Erfahrung und aus allgemeinem Wissen heraus? Kann ich etwas Neues in der heutigen Konstellation entdecken, etwas anderes, das nicht zweifelsfrei durch die Erfahrung der Vergangenheit abgedeckt ist? Welchen Raum kann und will ich dem lassen? Stellen meine neu gemachten Erfahrungen meine Handlungsziele grundsätzlich infrage oder nur die Art, wie ich versuche, sie zu verwirklichen? Inwiefern bin ich vom äußeren Erfolg abhängig und wie tief bin ich vom Wert dessen, was ich will, überzeugt – bewegt mich die Liebe zu meinem Handeln? Wie können meine Handlungsideale überleben?

Es ist jedoch ein Unterschied, ob ich meine Rückschau zweckfrei, gewissermaßen aus höherer Warte, «gleichsam wie die Götter», durchführe oder ob ich von vornherein bestimmte Kriterien wie «konfliktlösend», «erfolgversprechend», «effizient», «zeitsparend» zur Beurteilung dessen, was ich vor meinem inneren Auge sehe, anwende. Im letzteren Fall bleibe ich stärker situativ gebunden, kann mich weniger hoch über die konkreten Verhältnisse erheben, weniger weit die Flügel ausschlagen; ich werde geringere Zusammenhänge erfassen, weniger intuitive oder kreative Einschläge erleben. Zweckgebundenheit beim Üben geht in der Regel auf Kosten der Unbefangenheit und Empfänglichkeit.

Selbstverständlich kann ich auch gemeinsam mit anderen einen Rückblick auf gemeinsam Erlebtes durchführen. Das hat zwei Vorteile: Es ist anregend, die gemeinsame Verabredung ersetzt teilweise meinen schwachen Willen, und zweitens ist die Selbsterkenntnis eine anfällige Sache – vieles, was mir anhaftet, bekomme ich selbst nicht in den Blick oder verschönere es, das müssen andere mir spiegeln. Diese Vorteile haben jedoch eine Kehrseite. Das Maß der Selbstführungsfähigkeit entspricht dem eigenen Krafteinsatz. Wenn ich meine Schwäche durch soziale Einbindung austrickse, kann das eine geschickte Strategie sein, mangelnde Selbstkonsequenz zu kompensieren, ich darf dann aber nicht vergessen, dass ich gewissermaßen eine Hypothek aufgenommen habe; irgendwann werde ich mich aus dieser Abhängigkeit lösen müssen, um mich selbst tragen zu können. Die zweite Kehrseite wird sichtbar, wenn jemand seelisch (noch) nicht imstande ist, das ihm Gespiegelte zu verkraften und fruchtbar umzusetzen. Beide Punkte haben mit dem Individuellen und Freiheitlichen dieses Entwicklungsweges zu tun. Darauf bezogen ist sozialer Druck nicht nur ein Hilfsmittel, das ich bewusst zur Selbstförderung einsetzen, sondern auch eine Kraft, die mehr oder weniger ich-fremd einen seelischen Einfluss ausüben kann, der nicht von jedem Betroffenen bewusst gewollt wird oder seinem nächsten Entwicklungsschritt entspricht. Das kann sich später gewaltig rächen, wie ich in der Eheberatung erlebt habe, wo Partner in einen Selbsterziehungsanspruch vom anderen hineingezogen wurden, aus dem sie sich später gewaltsam und manchmal mit Hassgefühlen erfüllt lösen wollten – weil es damals eben nicht wirklich selbst gewollt oder als dem eigenen Wesen angemessen empfunden worden war.

Dieser Gefahr sollte ins Auge gesehen werden, wenn mehrere Menschen sich dazu entschließen, gemeinsam einen Übungsweg zu gehen. Das bedeutet, dass jeder sorgfältigst seine Motive klärt und dass darüber ein offenes Gespräch stattfinden kann – und zwar nicht nur vorab, sondern unterwegs immer wieder. Und dann soll man sich auch darüber klar sein, ob die Steigerung der Selbstführungsfähigkeit der Einzelnen «Selbstzweck» ist oder ob man sich Übungen vornimmt, die man in den Dienst einer konkreten gemeinsamen Sache stellt (wie z. B. der Fruchtbarkeit der Lehrerkonferenz). Je nachdem wird man sich anderes spiegeln: Im letzteren Fall wird der Sach- oder Zielbezug Grenzen setzen, und die Übungen werden mehr einen technischen oder instrumentellen Charakter bekommen. Nichts dagegen, ich plädiere nur für einen bewussten, urteilsfähigen Umgang mit diesen Möglichkeiten.

Die soziale Bedeutung dieser Eigenschaften kommt überraschend in einer Rede des Literaten, Freiheitskämpfers und früheren tschechischen Präsidenten Václav Havel zum Ausdruck:

> Freiheit im tiefsten Sinne des Wortes
> bedeutet jedoch mehr,
> als ohne Rückhalt zu sagen, was ich denke.
> Freiheit bedeutet auch,
> dass ich den anderen sehe,
> mich in seine Lage hineinzuversetzen,
> in seine Erfahrungen hineinzufühlen
> und in seine Seele hineinzuschauen vermag
> und imstande bin,
> durch einfühlsames Begreifen von alledem
> meine Freiheit auszuweiten.
> Denn was ist das gegenseitige Verständnis anders als
> die Ausweitung der Freiheit
> und die Vertiefung der Wahrheit?[74]

Es ist nicht ausreichend, Freiheit nur negativ zu erfassen (frei sein von), ihr Wert liegt vor allem in ihrer positiven Ausrichtungsmöglichkeit (frei sein für). Auf den anderen Menschen bezogen realisiert sich die Freiheit durch die beschriebenen Fähigkeiten. In der Hinwendung auf das «Sehen des anderen» ist die freie Verfügbarkeit der eigenen Aufmerksamkeit (wie sie durch die Gedankenkontrolle errungen wird) eine Voraussetzung. «Mich in seine Lage hineinzuversetzen» ist Bewegungs-, d.h. Willens- oder Handlungsmetaphorik. «Mich in seine Erfahrungen hineinzufühlen» spricht für sich. Damit wurden die drei Seelenkräfte (Denken, Fühlen und Wollen) angesprochen. Zusammengefasst: auf dieser Grundlage vermag ich in seine Seele hineinzuschauen. «Einfühlsames Begreifen» ist eine Wendung, die Rudolf Steiner auch für die Positivität anderen Menschen gegenüber verwendet (ihn aus ihm selbst heraus verstehen); in der Ausweitung der

Freiheit klingt die Unbefangenheit (vgl. «Nach neuen Meeren») an. Damit ist im «gegenseitigen Verständnis» eine Entwicklungsdynamik angelegt, die «Harmonie» beinhaltet: Ich-Erweiterung ist zugleich tiefes Eindringen in die Weltwirklichkeit (Wahrheit).

Zurück zum individuellen Weg des Einzelnen: Vieles wird mir erst beim Rückblick aufgehen. Eine erste Lebenswirkung des Übens tritt auf in Form eines spontanen «Aufwachens» im Nachhinein, das wir häufig als «zu spät» erleben, d. h. nachdem wir etwas getan haben oder etwas geschehen ist, was unseren Vorsätzen nicht entspricht – wie es im «normalen» Leben, unabhängig vom Üben, auch schon mal geschieht. Nur, dass es hier um Sachen geht, die sonst noch vielleicht gar nicht bewusst geworden wären. In einem nächsten Schritt kann es sein, dass ich während des Geschehens aufwache, aber nicht einzugreifen imstande bin. Dann, dass ich auch aktuell mein Handeln beeinflussen kann. Noch später werde ich «in statu nascendi» eines Geschehens meinen Freiraum zur Verfügung haben, aus dem ich dann individuell-situativ stimmig handeln kann.

Die sechste Eigenschaft, von Rudolf Steiner «innere Harmonie» oder «inneres Gleichgewicht» genannt, scheint mir auch das eben Besprochene zu implizieren: nicht nur das systematische und regelmäßige Abwechseln oder gleichzeitige Kombinieren der Übungen («je zwei und zwei, drei und eine usw.»[75]), nicht nur das Ergänzen und Ausgleichen der eigenen Einseitigkeiten, sondern auch das Finden des richtigen Atemrhythmus zwischen Leben und Üben, letztendlich das souveräne Stehen-Können im eigenen Ich.

Rudolf Steiner spricht deshalb von dem Freiheitsgefühl, das sich dadurch einstellt: «das Freiheitsgefühl, durch das [der Mensch] in sich selbst das Zentrum seines Wesens suchen und auf eigenen Füßen stehen kann, dass er nicht jeden zu fragen braucht, was er zu tun hat, sondern dass er aufrecht steht und frei handelt»[76].

Er ist dann auch nicht länger verkrampft und mit sich und der Welt unzufrieden. «Eine allen Erlebnissen versöhnliche Stimmung bemächtigt sich der Seele, die keineswegs Gleichgültigkeit ist, sondern im Gegenteil erst befähigt, tatsächlich bessernd und fortschrittlich in der Welt zu arbeiten. Ein ruhiges Verständnis von Dingen eröffnet sich, die früher der Seele völlig verschlossen waren.»[77]

In dieser Seelenstimmung bzw. den Abweichungen von ihr hat der Übende ein umfassendes Kriterium, die «Richtigkeit» seines Übens in sich und im Verhältnis zum Leben selbst zu überprüfen.

## 7. Der Doppelaspekt der Ich-Tätigkeit

Die Übungsvorschläge Rudolf Steiners ermöglichen uns, einen genaueren Einblick in die Merkmale der Ich-Tätigkeit zu gewinnen. Wir möchten diese zum Schluss dieses Kapitels noch einmal hervorheben, weil es sich immer wieder als schwierig erweist, sie vom bloß seelischen Selbsterleben zu unterscheiden. Etwas paradox zusammengefasst charakterisiert sich Ich-Tätigkeit durch die Verbindung von Eigentätigkeit und Selbstzügelung, einem aktiv-positiven und einem aktiv-negativen Moment. Die Eigentätigkeit zeichnet sich aus durch das Ins-Werk-Setzen eines Eigengesetzlichen. Dieses bedingt die Hemmung, das Außer-Kraft-Setzen eines bloß Subjektiven, das sich unsachlich in ihm einmischen möchte. Konkreter am Beispiel der Übungen illustriert:

- Das Eigengesetzliche im Denken sind die Idee, die Logik, der Begriffszusammenhang, die Sachlichkeit. Sie erfordern, dass ich Assoziatives, Erinnerungen oder alles, was sich durch Wünsche, Sorgen und Emotionen in mein Bewusstsein drängt und worüber ich vielleicht lieber nachdenken würde oder meine, nachdenken zu müssen, zurückweise (für die Dauer der selbst gestellten Aufgabe). Wenn ich mir vorgenommen habe, sachlich über den Gegenstand «Tisch» nachzudenken, muss ich der Versuchung widerstehen, in Erinnerungen an die Sonntagnachmittage bei meinem Onkel, der Schreiner war, zu verweilen, und zur Geltung kommen lassen, was wesentlich zum «Tisch» gehört.

- Bei der Handlungskontrolle bin ich einerseits gebunden an meinen Selbstbefehl, mein Ideal, andererseits an die Rahmenbedingungen, die von der realen Situation vorgegeben sind. Auch hier muss ich – deswegen – meiner Willkür, meinen Wünschen, Unlust oder Trägheit, Ängsten und Hemmungen Widerstand leisten.
- Bei der Gefühlskontrolle ist es wohl am schwierigsten und missverständlichsten. Kriterien wie qualitative und quantitative Angemessenheit und Stimmigkeit, die man an das Gefühlserleben und den Gefühlsausdruck anlegen kann, sind weicher, weniger eindeutig als gedankliche Konsistenz, aber nicht ohne Bedeutung. Und je mehr die Richtung sich umkehrt und Organe der seelischen Wahrnehmung eines anderen, Welthaften sich ausbilden, umso mehr begegne ich dessen Eigenwesen. Was ich zunächst zügle, ist der Ausdruck (oder ich überwinde die eventuell vorhandene Ausdruckshemmung, die nicht aus bewusster Ich-Tätigkeit stammt!), die gedanklichen Vorgänge und die Willensneigungen, die den gegebenen emotionalen Zustand schüren. Die Gefühlserlebnisse selbst sind wie Wahrnehmungen, nur dass ich diese an mir selbst mache. Sie zu leugnen bedeutet, mich aus der Realität zu katapultieren. Ich kann allerdings meine Aufmerksamkeit auf sie hin oder von ihnen weg lenken.
- Bei der Positivität verbinde ich mich mit zunächst verborgenen, aber realen positiven Momenten des In-Frage-Kommenden. Hemmen muss ich dazu sowohl meine Kritiksucht wie mein Wunschdenken.
- Bei der Unbefangenheit lenke ich meine Aufmerksamkeit auf das Neue, Zukünftige, das noch gar keine Gestalt angenommen

hat. Zügeln muss ich vor allem die Neigung, mit fixen Urteilen oder unverrückbaren Zielvorstellungen an die Sache heranzugehen (aber evtl. auch den Wunsch, alles, was man schon weiß und als schwerwiegend in Erfahrung gebracht hat, völlig zu negieren).
- Die sechste Eigenschaft hat gewissermaßen den Doppelaspekt der Ich-Tätigkeit selbst zum Inhalt: verstärken und hemmen, je nachdem, wie es auf dem Übungsweg als nötig erkannt wird.

Die Ich-Tätigkeit verbindet uns mit der Welt, mit der Wirklichkeit und ihren eigenen Gesetzen und Zusammenhängen; das seelische Selbsterleben bildet einen Zwischenraum von Vorstellungen, Emotionen und Neigungen zwischen uns und der Welt. Je mehr wir uns mit diesem subjektiven Innenraum identifizieren, umso mehr laufen wir Gefahr, die Außenwelt (wozu die Mitmenschen gehören) gefärbt bis verzerrt wahrzunehmen oder uns ihrer Realität ganz zu entfernen. Nicht nur eine soziale oder kollektiv emotionale, sondern eine umfassende Wirklichkeitskrise muss letztendlich die Folge sein. Dennoch muss davor gewarnt werden, nur die Disidentifikation (die Distanznahme vom subjektiven Selbsterleben) als Ich-Tätigkeit zu betrachten; auch die danach wieder fällige bewusste Identifikation mit dem eigenen vorfindlichen leiblich-seelischen Wesen gehört zu ihr: leben und zielorientiert handeln lässt sich nur in ihm und durch es. Ich schaue auch mit einer unbefangenen Gelassenheit und Positivität auf «mich selbst» und führe mich durch die Selbstverwandlung auf meine Ziele und die offene Zukunft zu. Disidentifikation und Ich-Identifikation wechseln sich beim gesunden Menschen wie Ein- und Ausatmen ab. Mit sich selbst zu hadern ist genauso wenig ichhaft wie Selbstverliebtheit.

# Kapitel 3
# Verwandlung des Gefühls

«Das Herz ist der Schlüssel der Welt.»
*Novalis*[78]

## 1. Das Herzstück der Selbstführung

In diesem Kapitel möchte ich mich insbesondere und noch differenzierter der Selbstführung im Bereich des Fühlens zuwenden. Es gibt gute Gründe, sie als das Herzstück der sechs Eigenschaften, wie sie Rudolf Steiner schildert, zu betrachten. Schon rein zahlenmäßig: Wenn die sechste als zusammenfassend und übergeordnet aufgefasst wird – was sachlich berechtigt scheint –, bleiben fünf Eigenschaften, in deren Mitte die Gefühlskontrolle steht. Sie hat eine Schwellenfunktion bei der Wendung zur Außenwelt (die durch Positivität und Unbefangenheit geprägt ist). Sie hat jedoch auch Symptombedeutung im Hinblick auf die Beschaffenheit des eigenen Seelenlebens, besonders was die Ich-Führung und Verbindung des Denkens und Wollens betrifft. Sie ist gewissermaßen die Probe aufs Exempel. Wenn eine ungenügende Gefühlsverwandlung vorliegt, wird eine positive, empfängliche Weltbegegnung scheitern. Der Übende wird dann auf seine seelische Arbeit zurückverwiesen. Diese setzt an den aktiven Funktionen – Denken und bewusstes Wollen – an.

Im Übrigen werden wir sehen, wie die sechs Eigenschaften sich in gewisser Weise innerhalb der Gefühlsverwandlung selbst wiederholen. Im Einzelnen spiegelt sich das Ganze wider. Diese Erkenntnis unterstützt die Sicht, dass es sich nicht um eine zufällige Versammlung von möglichen Eigenschaften handelt, sondern um einen sinnvollen, gesetzmäßigen Zusammenhang, der außerdem Wegcharakter hat.

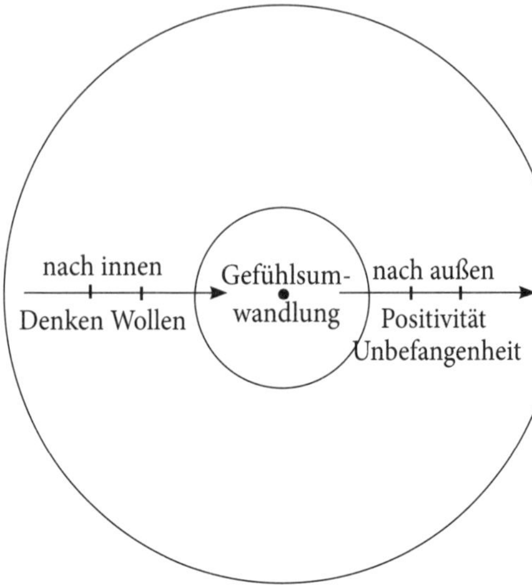


## 2. Davids Eifersucht. Ein literarischer Auftakt

Zur Konkretisierung einer differenzierten Betrachtung des Gefühlslebens möchte ich ein längeres literarisches Beispiel an den Anfang setzen. Es ist in diesem Umfang notwendig, um uns einigermaßen der lebendigen Realität des emotionalen Bereichs und seiner ganzen Komplexität und Dynamik annähern zu können. Das Fragment stammt aus Erik Fosnes Hansens Buch *Choral am Ende der Reise* und schildert einen Abend aus dem Leben Davids, der im Roman einer der Musiker ist, die am Ende mit der Titanic untergehen. Er ist erst achtzehn. Es treten weiter auf: sein Freund Hannes, durch den er Sofia vier Jahre zuvor kennengelernt hat, Sofia selbst, mit der ihn seitdem eine leidenschaftliche Liebschaft verbindet, und Max Jänner, ein berühmter älterer Schauspieler, den David und Sofia drei Tage vorher in einer Faust-Aufführung bewundert haben, der zudem in Sofias Leben – als sie zwölf war – schon einmal eine bestimmte Rolle (wie wir nachher erläutern werden) gespielt hat.

An den nächsten beiden Tagen sah er Sofia nicht. Ihm war eigentümlich zumute, nachts schlief er unruhig. Er klopfte an ihrer Tür, aber sie war nicht zu Hause. Ihm fiel ein, er könne nachsehen, ob sie bei ihrer Mutter war, aber es wäre dumm gewesen, dort ohne Einladung einzudringen. Er beruhigte sich damit, dass Sofia viel zu tun hatte.

Am dritten Tag ging er ins Café, um sich mit Hannes zu treffen. Dort, unerwartet, saß sie am selben Tisch wie der Freund. Hannes hörte zu, während Sofia sich mit einem Dritten unterhielt, einem Erwachsenen, der David unbekannt war.

David kam zu ihnen, schlug Hannes auf die Schulter. Hannes sah auf. Was war mit seinem Gesicht? Er lächelte verwirrt zu David empor, wechselte gleichsam die Farbe, grüßte, bekam keine Worte heraus. David ging vorsichtig hinüber zu Sofia, die ihn noch nicht bemerkt hatte, sie sprach weiter mit dem Fremden. David legte ihr die Hand vorsichtig auf den Nacken. Sie zuckte zusammen und sah auf zu ihm.

«David», lächelte sie, «wie schön, dich zu sehen.»

David erschrak, erstaunt. Das war nicht ihre Art zu grüßen. Jetzt war David auch dem Fremden aufgefallen, er stand auf, streckte die Hand aus. Ein großer, gut gebauter Mann in den Vierzigern, gut gekleidet, mit pomadisiertem, blondem Haar und Brille. Das Gesicht war regelmäßig und breit, die Augen tiefblau. Es war ein sehr sympathisches Gesicht, fast leuchtend von Ruhe und Wohlwollen. David nahm die Hand des Fremden, sie war groß und warm und wirkte sicher.

«David», sagte Sofia, «das ist Max Jänner. Max, das ist David Bleiernstern.»

«Sehr erfreut, Herr Bleiernstern», sagte der Große freundlich. «Sofia hat mir von ihnen erzählt.»

Davids Gedanken standen einen Augenblick still. Dann ging ihm auf, was er gehört hatte.

«Sehr erfreut – Herr Jänner», murmelte er. Er sank auf einen Stuhl. War das möglich? War dieser freundliche, fast leuchtende Mensch dieselbe Gestalt, die das ganze Burgtheater vorgestern Abend zum Schaudern gebracht hatte? Seitdem war die Vorstellung Tagesgespräch, und Wien bebte vor Sensationslust. Jänner war aufgefordert worden, die Vorstellung zu wiederholen, aber der eigentliche Mephistopheles war wieder gesund, und Jänner hatte alle Angebote kollegial abgelehnt. Jetzt saß er hier. Und David begriff den Zusammenhang nicht. Von den anderen Tischen wurden neugierige Blicke zu ihnen hinübergeworfen, wo der Künstler zusammen mit diesen drei Jugendlichen saß.

«Ich habe gehört, dass Sie und Sofia am Mittwoch zusammen im Theater waren», sagte Jänner einleitend, er erkannte und verstand Davids Erstaunen und wollte ihm auf die Sprünge helfen.

«Das – das stimmt», sagte David. «Wir waren sehr begeistert.» Er wurde rot vor Verlegenheit.

Der Schauspieler nickte freundlich.

«Es ist ja schön, wieder in Wien zu sein», sagte er. «Ausnahmsweise. Ja. Ausnahmsweise.» Die ganze Zeit über behielt er den Blick auf David gerichtet. David lächelte schüchtern zurück. «Schön, junge Menschen zu treffen. Die Veränderungen finden ja bei euch Jungen statt. Ihr Freund hier, der junge Schachl, schreibt doch Gedichte. Es ist ermunternd, dass unter der Jugend solche Strömungen lebendig sind. Ich habe tatsächlich einige von Herrn Schachls Gedichten gelesen, in der Zeitschrift Ahorn – ja, ich versuche mich auf dem Laufenden zu halten, auch an meinem derzeitigen Aufenthaltsort –, über diese Gedichte haben wir uns gerade unterhalten, als Sie gekommen sind, David.»

«Aha», sagte David. Etwas anderes fiel ihm nicht ein, sein Kopf war völlig leer. Der Schauspieler verstand seine Verlegenheit und fuhr ruhig fort:

«Ich habe zu Schachl gesagt, dass ich seine Gedichte sehr musikalisch finde. Ich muss zwar sagen, dass sie noch nicht die geistige Spannung haben, die dazu nötig ist. Aber ungeheuer musikalisch.»

«Ich bedanke mich noch einmal, Herr Jänner», sagte Hannes stolz und hob an zu einer längeren Ausführung über Poesie, über den Unterschied, Gedichte leise zu lesen und sie zu rezitieren, was wiederum zu anderen Überlegungen führte, denen David nicht mehr folgen konnte.

Als Jänner antwortete, geschah es zurückhaltend und mit natürlicher Sicherheit. In gleichmäßigen Abständen warf er Sofia und David einen Blick zu, um sie mit einzubeziehen, David lächelte er mehrere Male zu, offenbar darum bemüht, ihn dazu zu bringen, seine Verlegenheit zu überwinden. Das hatte auch Erfolg, aber erst später am Abend. Jetzt saß David hier und versuchte, seine Verwirrung zu begreifen und eine logische Erklärung für alles zu finden. Sofia musste es bemerkt haben, denn sie sagte leise zu ihm, während die beiden anderen sich unterhielten:

«Max ist ein Freund von Mamá. Er ist früher oft bei uns zu Hause gewesen.»

«Ach so», sagte David. Doch die Verwirrung ließ ihn nicht los. Er sah sie an. Sie wich seinem Blick aus. «Hast du nicht gesagt, dass»

«Was?»

«Nein ...», sagte David. «Nein, nichts. Wo habt ihr euch denn diesmal getroffen? Zu Hause oder bei deiner Mutter?»

«Ja», sagte Sofia. «Weißt du, er wollte mich gern sehen – ich bin ja damals noch ein Kind gewesen. Er hat Mamá besucht – ja, er hat auch sie sehen wollen – und dann hat sie mir eine Nachricht geschickt. Das ist vorgestern Abend gewesen.»

«Ach so», sagte David unsicher. «Wie schön.» Dann lächelte er ihr zu. Etwas aber wuchs in ihm, ein ätzendes Gefühl von Unruhe, von Angst.

«Max hat dich kennenlernen wollen», begann Sofia, ebenso leise, «darum sind wir hergekommen. Darum sind wir gekommen. Ich habe gedacht, du sitzt vielleicht hier. Dann war Hannes stattdessen hier. Jetzt belegt er Max wahrscheinlich für den Rest des Abends mit Beschlag.»

Ein Bild durchfuhr David, das Bild einer zerbrochenen Fensterscheibe, mit scharfen Scherben. Etwas quälte ihn, etwas, woran er sich nicht erinnerte, etwas, das ihm einfallen musste. Sofia wich noch immer seinem Blick aus. Aber sie sah Jänner an, während er sprach. Sie sah ihn mit großem, schwarzem Blick an.

«Wollen wir nicht etwas trinken?», fragte Jänner jovial.

Eine Flasche kam auf den Tisch.

Der Rest des Abends wurde entsetzlich peinlich, weil David nun seine Verlegenheit verlor und auftaute. Er war nicht an Alkohol gewöhnt, und schon nach zwei Gläsern war er beschwipst. Er wollte beweisen, dass er keineswegs verlegen war, dass die Angst keineswegs durch sein Inneres mit Glasscherben schnitt. Darum unterhielt er sich mit dem Schauspieler, laut und lebhaft, lächelte, lachte, plusterte das Gefieder auf. Wie sei das eigentlich – könne man den Teufel spielen, ohne selbst der Teufel zu werden, während man auf der Bühne steht? Das wollte er gern wissen: Müsse man nicht ein wenig vom Teufel in sich haben, auch im Alltag? Ihn kennen? Ihn persönlich kennen? Er stellte die Frage sehr provozierend. Sofia warf ihm einen ärgerlichen Blick zu, Jänner jedoch antwortete, ungerührt und gefasst:

«Mein junger Freund – das ist eine schwierige Frage. Schwieriger, als du glaubst. Wenn es den Teufel nämlich gibt – was ich persönlich stark bezweifle –, dann ist er ein Wesen von so ungeheurer Bosheit und von einer solchen Hässlichkeit, dass man die Begegnung mit ihm persönlich nicht überstehen würde. Er wäre wie die Ängste aller Kriege, wie das schadenfrohe Gelächter der gesamten Welt, konzentriert und in einem Wesen verdichtet. Ein solches Wesen lässt sich auf der Bühne nicht darstellen. Das ist unmöglich. Ich stelle nicht den Teufel dar.»

«Nein?», sagte David übermütig. «Wen denn dann?»

«Ich versuche einen Schauspieler darzustellen, der den Teufel darstellt. Das ist, glaube ich, der einzige Weg. Denk darüber nach, es ist nicht so einfach, wie es klingt.»

«Aber dieser Schauspieler, dieser Gaukler-Teufel, er muss doch auch eine gewisse Bosheit in diesem Augenblick in sich haben, muss von einer gewissen Grausamkeit beseelt sein, damit er glaubwürdig sein kann.»

«Ja», sagte Jänner ernst, «ich glaube, das muss er.»

«Genau», sagte David hitzig. Sofia packte ihn am Arm, als wolle sie ihn zum Schweigen bringen, Jänner aber legte seine große Hand beschwichtigend auf die ihre und fuhr fort:

«Das Sonderbare ist», sagte Jänner, «dass diese Bosheit, in die der Schauspieler sich hineinversetzen muss und die er ganz richtig aus sich selbst holen muss – das Sonderbare ist, dass er niemals szenisch effektiv wäre, ehe er sie beherrscht, ehe er sie durchschaut und überwunden hat. Mit aktiver, persönlicher Bosheit kann er nicht spielen. Er muss sie verwandeln. Und das Kuriose ist, wenn er dieses Stadium, diese Stilisierung erreicht hat, dann kann man bei ihm – dem Schauspieler – nicht mehr von Bosheit sprechen, von dunklen Kräften in ihm. Dann wird daraus eine neue Kraft, eine Leuchtkraft. Auch wenn es für das Publikum so aussieht, als sei es ein Strom aus Dunkelheit, er selbst erlebt es als Licht, als Güte, als etwas, das hilfreich ist für ihn. Der Sinn ist ja, dass es boshaft aussehen soll. Aber im Übrigen ist es ja überaus üblich, dass die Repräsentanten des Bösen, die also, die wirklich böse handeln, unschuldig und harmlos aussehen. Ein harmloser Mephisto auf der Bühne aber wäre ein Witz.»

Sofia und Hannes begleiteten die Worte des Schauspielers mit andächtigem Nicken, offenbar hatte er ihnen an diesem Abend etwas offenbart – für David aber schien das ein Spiel mit Worten zu sein, ein Spiel mit Begriffen, das den Begriffen ihren unerschütterlichen Sinn raubte. Wäre er nüchtern gewesen, hätte er es vielleicht anders verstanden. Nun aber fühlte David, wie in seinem Inneren ein furchtbarer, aktiver Zorn glühte und im ganzen Körper brannte, der sich gegen den sympathischen und freundlichen Schauspieler richtete, der ihm dort gegenübersaß. Ihm fiel auf, dass Jänner den beruhigenden Druck auf Sofias Hand erst aufgab, als sie selbst die Hand wegzog – und es dauerte einige Minuten, bevor sie das tat. David fühlte sich den Tränen nahe, er hatte Lust, den Tisch umzustoßen und Max Jänner an die Kehle zu gehen. Sofia saß da und sah diesen Clown, diesen Aufschneider, diesen – diesen genialen Künstler an. Sie sah Jänner immer nur an, groß und offen. Noch einmal berührte er ihre Hand, diese schmale weiße Hand, die für David der Himmel war. David wurde tieftraurig, als er das sah. Und er wurde sehr betrunken. Später erinnerte er sich, dass er geredet und geredet hatte, geschwätzt und geplappert, ohne jedoch Jänners Selbstsicherheit erschüttert oder sonderlich Eindruck auf Sofia gemacht zu haben. Er erinnerte sich, dass er etwas Peinliches gesagt hatte, dass er es sehr laut gesagt hatte, dass Jänner ihm geholfen hatte, den Skandal zu vermeiden, rücksichtsvoll und vorsichtig, dass er ihm geholfen hatte, wie ein Vater oder ein erwachsener Freund es getan hätte, ihm hinaus auf die Straße geholfen hatte, wo es David schlecht geworden war. Jänner hatte ihm das Ärgste mit seinem eigenen Taschentuch abgewischt. Es war äußerst demütigend. Dann war Sofia gekommen, sie hatte verzweifelt ausgesehen, sie hatte ihn nicht berührt, hatte nicht Gute Nacht gesagt, war mit Jänner verschwunden. Arm in Arm.

Hannes half ihm nach Hause, lief mit ihm herum, bis er einigermaßen präsentabel war und dem Unmut seiner Eltern entgegentreten konnte.

«Kümmere dich nicht um sie», sagte er beruhigend zu David,

während sie zum vierten Mal eine Runde ums Quartier drehten. «Kümmere dich überhaupt nicht um sie. Er fährt bald nach Berlin. Hörst du, David. Er fährt bald nach Berlin.»

«Hannes, mir geht es so schlecht.»

«Du bist betrunken», sagte Hannes.

«Nein, Hannes, es ist etwas anderes. Was ist mit mir. Ich habe das Gefühl, ich könnte –»

«Du bist eifersüchtig», erklärte Hannes. «Aber du darfst nicht eifersüchtig sein. Auf so jemanden ist man doch nicht eifersüchtig. Nur ein dummer Schauspieler mit einem flotten Namen.»

«Er ist mit ihr weggegangen», stotterte David.

«Ja, das ist er. Du hast sie ja nicht nach Hause begleiten können, oder?»

«Nein, aber du hättest doch …»

«Ich? Ich muss dich doch nach Hause bringen. Hätte ich dich im Stich lassen sollen? Oder hätte Jänner dich nach Hause bringen und mit hinaufgehen und deine Eltern begrüßen sollen? Nimm dich jetzt zusammen, David. Übrigens heißt er eigentlich gar nicht Jänner.»

«Was willst du damit sagen?»

«Das ist ein Künstlername. Eigentlich heißt er Errschling. Herrgott Errschling, wenn dich das tröstet.»

Mitten im Elend musste David lachen.

«Lass dich jetzt nicht von den Gefühlen mitreißen», sagte Hannes. «Du bist ja wie eine Feder im Wind.»

«Ja, aber hast du nicht gesehen, wie sie –»

«Doch», sagte Hannes ehrlich. «Ich kann nicht leugnen, dass Verschiedenes auffällig war … Aber das muss nichts heißen, David. Du darfst dich nicht darum kümmern.»

«Und warum hat sie ihn mitgebracht, wenn sie mich treffen will? Das ist die schlimmste Beleidigung, die ich –»

«Na, na», sagte Hannes. «Kannst du dir nicht vorstellen, dass sie das vielleicht deshalb getan hat, um dir eine Freude zu machen, einen großen Schauspieler kennenzulernen? Wenn sich heute

Abend jemand dumm und beleidigend benommen hat, dann du, David, es tut mir leid, dass ich das sagen muss.»

»Das weiß ich», sagte David leise. «Aber nur, weil ich so furchtbare – Angst hatte. Weißt du, Hannes, ich habe ihr versprochen, dass –»

«Nein», sagte Hannes bestimmt, «was du ihr versprochen hast, will ich gar nicht wissen. Sie hat ihn mitgebracht, weil sie wollte, dass du ihn kennenlernst. Sie hat ihn doch nicht um seinetwillen mitgebracht! Sie hat doch glauben müssen, du bewunderst ihn, und ehrlich gesagt, habe ich das auch gedacht. Du hast in den letzten beiden Tagen ja kaum von etwas anderem gesprochen als von dieser Faust-Aufführung.»

«Ja, Hannes, ich verstehe das alles, aber da war noch etwas mehr, da war noch etwas anderes. Etwas – etwas zwischen ihnen.»

«Du darfst dich nicht um sie kümmern», wiederholte Hannes leise. «Du musst so tun, als sei nichts geschehen. Jetzt, in den nächsten Tagen, fährt Jänner nach Berlin, das hat er erzählt. Dort spielt er die ganze Saison und die nächste auch. Wenn du Sofia das nächste Mal siehst, musst du sie um Verzeihung bitten, weil du dich so dumm benommen hast, und dann solltest du das alles vergessen. Vergiss Herrgott Errschling. Sonst wird es nur furchtbar.»

«Ja», nickte David dankbar.

«Fühlst du dich soweit in Ordnung, dass du deine Erzeuger sehen kannst?»[79]

## 3. Stürmische Lüfte, aufgewühlte Gewässer

Das Gefühlsleben ist eine bewegte und bewegende Sache: Nach der leidenschaftlichen und auch schon wechselhaften Vorgeschichte ist David «wie eine Feder im Wind» von Gefühlen mitgerissen, er ist einem stürmischen Ablauf vielfältiger Gefühlsbewegungen ausgeliefert, die ihn zu einem peinlichen Auftritt bringen. Anfangs treibt ihn eine gewisse Unruhe, die beim Betreten des Cafés zu einem erschrockenen Staunen führt. Verlegenheit stellt sich ein, Verwirrung wächst, die sich zu Angst steigert. In dem Maße, wie seine Betrunkenheit zunimmt, macht seine Verlegenheit Übermut Platz; Zorn ergreift ihn, dann tiefe Traurigkeit – nach der Szene Demütigung, zum Schluss eine gewisse (vorläufige) Beruhigung und sogar Dankbarkeit, weil Hannes versucht, ihm zu helfen.

Das Fragment gestattet mannigfaltige Beobachtungen bezüglich des emotionalen Lebens. Wir können sie nur andeuten:

- Die genannten wechselnden Wellen sind emotionale Episoden, die sich nur auf der Basis einer grundlegenden «Emotion» verstehen und erklären lassen.[80] Diese wird von Hannes richtig erkannt: «Du bist eifersüchtig», sagt er zu David. Aber auch die Eifersucht hat Voraussetzungen, David liebt Sofia auf eine bestimmte Weise. Das ist gewissermaßen das Wasser, das in Bewegung gerät. Die vielen einzelnen Gefühlszustände würde er sonst nicht so durchleben. Die eigentümliche Unruhe, die die Szene einleitet, kann genauer erfasst werden: Es ist Verlustangst, zumindest die Sorge, dass Sofia sich aus der Beziehung entfernt. Die dann folgende Konfrontation mit einem Dritten, der in einer bestimmten Beziehung zu Sofia erscheint, komplettiert die Elemente, die eine Eifersucht auslösen können. Diese bildet den Rahmen für die einzelnen emotionalen Episoden, die sich im Laufe des betrachteten Abschnitts abspielen.
- «Emotionen» sind komplexe Gebilde, die Gedanken und Bedürfnisse umfassen. Sofia fehlt David, er vermisst sie, er will sie für sich «haben», er fürchtet, sie zu verlieren, er sieht in Jänner einen möglichen Rivalen, den er als ihm überlegen einschätzt. Als er die beiden zusammen weggehen sieht, glaubt er schon, das Unheil ist geschehen. Hannes versucht deshalb durch seine Beruhigung Davids Sicht auf die Situation umzustrukturieren: Jänner musste Sofia nach Hause begleiten, weil

David dazu nicht imstande war, Jänner ist nicht so toll, wie es zunächst den Anschein hat (sein wahrer Name ist Errschling), und bald fährt er wieder nach Berlin, dann kommt David wieder zum Zuge usw.

- Selbstverständlich beeinflussen Drogen das Gefühlsleben. Der Einfluss von Alkohol verringert aber auch Davids Möglichkeiten der Selbstführung – die schon aufgrund seines jugendlichen Alters gegenüber Jänner im Nachteil sind.
- Die Emotionen selbst wirken sich häufig körperlich aus, kommen unwillkürlich zum Ausdruck und beeinflussen das Verhalten: unruhig schlafen, die Farbe wechseln, zusammenzucken, kein Wort herausbekommen, stottern, rot werden, den Tränen nahe sein.
- Sie beeinflussen auch das kognitive Leben: die Gedanken, die Urteile, ja sogar die Wahrnehmung und Aufmerksamkeit, die selektiv zugespitzt werden. Was ist mit Hannes' Gesicht? Sofia zuckt zusammen; das ist nicht ihre Art zu grüßen. Die Deutungen tendieren zur Voreingenommenheit. Der Fremde sieht gut aus, hat ein sympathisches Gesicht, wirkt sicher – später findet ein innerer Bewertungskampf in Davids Seele statt: «diesen Clown, diesen Aufschneider, diesen – diesen genialen Künstler». Sein Kopf ist leer, er kann den Überlegungen nicht folgen. Bilder durchfahren ihn. Sofia weicht seinem Blick aus, sieht aber Jänner mit großem, schwarzem Blick an usw. Es zeigt sich die kognitive Beeinträchtigung, die Teil der Eifersucht ist: Überall «sieht» sie Anzeichen ihrer Bestätigung, lässt sich fast naiv auf angebliche Gegenanzeichen ein (wie Hannes' Berührungsversuch) – allerdings ohne sich dadurch wirklich überzeugen zu lassen.
- Charakterzüge kommen in Emotionen zum Tragen. In der Eifersucht zum Beispiel das schwache Selbstwertgefühl. David fühlt sich «dem Rivalen» unterlegen. Seine Bewunderung für ihn mildert seine Eifersucht nicht, sondern schürt sie noch. Er

versucht, Jänners Wert zu schmälern. Das kann sich bis zum Wunsch, ihn physisch zu vernichten, auswachsen.

- Letztendlich ist der Kontext, den wir brauchen, um konkrete Gefühle wirklich zu verstehen, noch viel umfassender: die ganze Lebensgeschichte gehört dazu. Die narrative Psychologie[81] weist darauf hin, dass eine Lebensgeschichte etwas anderes ist als eine Summe von unpersönlichen historischen Fakten, sie ist eine «Geschichte», d. h. eine Erzählung mit einer personalen Perspektive, eine «Narration». Eine «Geschichte» ist eine Folge von Geschehnissen, die Bedeutung und Zusammenhang für die in ihr auftretenden Figuren (und den Leser) haben, mit Thema und Motiven, Dynamik, Anfang, Entwicklung und Ende. Die menschliche Lebensgeschichte spielt zudem immer vor einem historischen Hintergrund, der durch sie personale Bedeutung bekommmt. Unsere Café-Szene spielt 1912 in Wien, Jänner kommt aus Berlin. Er ist groß und gut gebaut, hat blondes Haar und tiefblaue Augen, sein wahrer Name ist «Herrgott Errschling», Davids Familienname lautet «Bleiernstern». Ahnen Sie etwas? Zurück zur «kleineren» Lebensgeschichte: Biografisch findet sie eine weitere Vertiefung, wenn wir wissen, dass Sofia David – bei einem Besuch im Haus ihrer Mutter, im Atelier, in dem Sofia malt – über eine frühere Begegnung mit Jänner in folgenden Worten erzählt hat:

«Ja. Um mich herum ist es immer still gewesen. In all den Jahren immer still. Sogar, wenn mir dort unten vor Lachen die Luft weggeblieben ist.»

«Dort unten.»

«Dorthin kamen all die Leute. Alle Berühmtheiten. Die Schauspieler und die Maler. Alle, die du im Burgtheater auf der Bühne gesehen hast, die habe ich hier gesehen. Sie begrüßten mich und unterhielten sich mit mir.»

«Worüber haben sie sich mit dir unterhalten?»
«Über so vieles. Über nichts, eigentlich.»
«Hast du ihnen irgendwann deine Bilder gezeigt?»
«Niemals. Niemals meine Bilder.»
«Sind sie irgendwann hier heraufgekommen?»
«Niemals. Mein Geliebter. Halt mich.»
«Sofia. Was ist denn los?»
«Einmal hat einer von ihnen – einer von ihnen. Ich war erst zwölf.»
«Sofia.»
«Er hat mich berührt. Er hat die Stille zerbrochen. So sehr, dass ich Angst bekam. Ich will nicht darüber sprechen. Ein Schauspieler. Damals geschah so viel im Haus. Er hat mich so tief berührt. Danach war ich anders. Halt mich fest. Ich will nicht darüber sprechen. David, alles wurde anders. Ich bekam Angst. Versprich mir eines.»
«Was soll ich versprechen?»
«Versprich, dass du mich niemals verlässt.»
«Ich verspreche es.»
«Geh niemals weg von mir. Lass mich nie los.»
«Ich verspreche es.»
«Du darfst mich nie verlieren.»
«Ich verspreche es.»[82]

Die Dynamik der Emotion greift auch auf die Vergangenheit über. Die Erinnerung an diese Erzählung dämmert David im Café, sie quält ihn, ohne dass sie gleich zur vollen Klarheit aufsteigt – Sofia hat Jänner damals nicht genannt. Sie spiegelt sich im Bild der zerbrochenen Scheibe, das sowohl an die damals zerbrochene Stille erinnert als auch Ausdruck der Angst ist, die jetzt durch Davids Inneres «mit Glasscherben schnitt».

Aber an Sofias Bitte und sein Versprechen erinnert er sich ganz klar. Das wirft ein überraschend neues Licht auf seine Eifersucht.

Die Verlustmöglichkeit war längst angesprochen, der Rivale existierte und war unterschwellig vorhanden.

Dies alles gehört dazu. Gehört auch die Tatsache dazu, dass David kurz vor seiner fluchtartigen Abreise nach London steht, wo er als Geiger ein Probe-Engagement für die Titanic bekommt?[83] Die Dynamik der Emotion greift auch auf die Zukunft über. Manchmal macht es den Eindruck, dass die Zukunft, dass das, was auf einen zukommt, das Gefühlsleben mitprägt, auch wenn es sich der Vorstellung entzieht. Zumindest im Rückblick bekommt manches Gefühl eine zusätzliche Dimension, weil man dann weiß, was danach gekommen ist. Zumindest leitet die Emotion häufig Handlungsabläufe ein, die dem Leben eine Wendung geben.

Dies alles stellt große Ansprüche an die Achtsamkeit. Diese liegt im Ich-Bewusstsein, das das seelische Leben begleitet, als latente Möglichkeit begründet. Auch im jugendlichen David ist sie im Keimzustand vorhanden. Er bemerkt seine Unruhe und versucht sich selbst mit dem Gedanken zu beruhigen, «dass Sofia viel zu tun hatte». Er versucht «seine Verwirrung zu begreifen und eine logische Erklärung für alles zu finden». Er spürt, dass Angst in ihm wächst, etwas, woran er sich nicht erinnert, ihn quält. Diese Beobachter-Instanz verliert durch den Alkohol jedoch an Kraft – erst im Rückblick kann er einiges wieder klarer sehen.

Wo kann die Selbstführung hier überhaupt ansetzen? An den einzelnen, wechselhaften Episoden (Unruhe, Schrecken, Staunen, Verlegenheit, Zorn etc.), an der grundlegenden Emotion (Eifersucht), an anderen Elementen der narrativen Geschichte?

«Gefühlskontrolle» beginnt mit *Achtsamkeit;* auch bei Rudolf Steiner «erfordert» sie «ein genaues Achtgeben auf sich selbst durch längere Zeit».[84] Die Formulierung «durch längere Zeit» lässt aufhorchen. Sie könnte bedeuten, dass Rudolf Steiner dabei nicht nur die flüchtigen, «episodischen» Gefühlsreaktionen im Auge hat, sondern auch die mehr grundlegenden Emotionen (wie Eifersucht), die lange dauern können und vieles umfassen, wenn nicht gar größere narrative Zusammenhänge. Natürlich gehören die einzelnen Episoden dazu. Man kann sagen, dass David besser daran getan hätte, sich in der Situation nicht zu betrinken, dass er seine Aggressionen gegen Jänner hätte im Zaum halten müssen; die ganze Szene wäre weniger demütigend und peinlich geworden. Aber diese Ansicht kann im Grunde innerhalb eines konventionellen, bürgerlichen Rahmens bleiben. Sie verharmlost möglicherweise die Szenerie, indem sie die realen Kräfte, die mit im Spiel sind (z. B. zeitgeschichtliche Kräfte, wie deutsch-jüdische Spannungen), ausblendet, so wie sie auch die Ebene der Selbstführung im eigentlichen Sinne verfehlt (ein «gutes Benehmen» an die Stelle setzt). Eine existenzielle Ebene wäre erst erreicht, wenn David sich seiner Eifersucht stellen würde. Dann müsste er sich allerdings mit sehr tief verwurzelten Gedanken (Lebensansichten, Erwartungen etc.) und Handlungsneigungen (unerfüllte Bedürfnisse, possessive Wünsche u. dergleichen) auseinandersetzen, die die Kraft von Charakterzügen haben können. Richtige Arbeit an sich selbst wäre angesagt – falls das für ihn zu einem individuellen Ziel werden würde. Aus dieser Sicht ist es nicht verwunderlich, dass die Selbstführung im emotionalen Bereich erst als eine dritte Stufe aufgeführt wird. Sie setzt sehr viel Selbstführungskompetenz in den Bereichen des Denkens und Handelns voraus. «Achtsamkeit» bekommt dann eine Bedeutung, die mehr umfasst als nur das punktuelle Selbstbewusstsein, dass ich z. B. mit einem Schrecken reagiere (und die entsprechende Äußerung unterdrücke – oder auch nicht).

Dies vorausgeschickt, können wir uns nun auch der Miniaturperspektive der alltäglichen Übungspraxis zuwenden, wie wir es auch für das Denken und Handeln getan haben – mit Bewusstsein für den Ebenenwechsel.

Punktuelle Achtsamkeit (immer wieder): Kriege ich rechtzeitig mit, dass ich dabei bin, wütend zu werden, oder wird mir meine Gemütslage erst bewusst, wenn es schon kracht? Ist mir meine

Laune, meine Stimmung, die emotionale Disposition, mit der ich zum Beispiel in eine Versammlung gehe, gegenwärtig? Bin ich sozusagen «auf mich selbst gefasst»? Erst in dem Maße, wie das der Fall ist, werde ich imstande sein, mit meiner Gefühlslage sinnvoll, produktiv oder wie auch immer umzugehen – je nach meinem Ziel oder meiner Aufgabe und Einschätzung der Situation.

Bleiben wir jedoch noch einen Augenblick auf dieser ersten Stufe stehen. Gefühle, Emotionen oder auch Stimmungen sind Wahrnehmungen, die an uns selbst auftreten.[85] Insofern können wir ihnen mit mehr oder weniger Aufmerksamkeit begegnen, aber auch das Begriffsangebot, das wir ihnen entgegenbringen, wird bestimmen, was wir von ihnen bewusst machen können. Unsere «Theorie» der Emotionen, über die wir vielleicht nie bewusst reflektiert haben, wird unsere Erlebnisse mitprägen. Sie beispielsweise als physiologische Reaktionen (Erröten, Erbleichen, Änderung des Atemrhythmus, des Hautwiderstands etc.) aufzufassen, kann etwa eine gewisse Selektivität unserer Achtsamkeit veranlassen. Auch eine biologische Evolutionstheorie konzentriert die Aufmerksamkeit auf gröbere, mit körperlichen Reaktionen und Kampf- und Fluchttendenzen einhergehenden Gefühle wie Angst und Wut. Ebenso die Triebtheorien. Es gibt im gegenwärtigen Denken viele Kräfte, die die Betrachtung des Gefühlslebens auf leibgebundene, «gröbere» Emotionen lenken und feinere, weniger eindeutig körperlich lokalisierbare Empfindungen, seelische oder seelisch-geistige, moralische oder ästhetische, auch aktivere, mehr mit einem selbstgeführten Erkenntnisleben verbundene Gefühlsmöglichkeiten dem Blick entziehen. Ich erinnere mich aus meinen Zwanzigerjahren an einen Psychologenkollegen in dem psychiatrischen Krankenhaus, in dem ich arbeitete, der seiner Patientin, einer jungen Frau, die an Magersucht litt, gefühlsmäßig offenbar nicht gewachsen war. Ihr Gefühlsvokabular war ihm zu differenziert und ihm dadurch unbequem. So schlug er ihr mit nicht zu widersprechender Entschiedenheit folgendes Vorgehen vor: Sie sollte ihre Gefühlsbezeichnungen reduzieren auf plus und minus und eine Zahl von 1 bis 5: die hedonistische Grundqualität lustvoll – unlustvoll mit einer quantitativen Angabe ihrer Intensität. Das war sicherlich für seine Zwecke praktisch und pragmatisch begründbar. Mir hätte es mehr gelegen, mir ihren Wortschatz, Bedeutung und Verwendung anzueignen. Wie auch immer, worum es mir hier geht, ist die Einsicht, dass sogar das Vokabular, über das wir verfügen, mitbestimmen wird, was wie differenziert im Bereich unserer Aufmerksamkeit auftauchen wird. Die erhöhte Achtsamkeit offenbart uns umgekehrt unseren sprachlichen Notstand hinsichtlich der Gefühlsbezeichnungen.

Wir lassen hier eine Liste mit Gefühlswörtern folgen. Es kann anregend sein, sich zu vergegenwärtigen, wie oft man welche Ausdrücke für sich (und andere) verwendet, oder eine Zeit lang einem weniger vertrauten Gefühl seine Aufmerksamkeit zu widmen. Es wäre sicherlich auch interessant zu untersuchen, welche Worte kollektiv verschwinden, tabuisiert werden, als altertümlich erlebt werden usw., und sich zu fragen, was sich darin ausspricht (Ehrfurcht, Devotion, Sehnsucht, Seligkeit u. Ä.).

Auf jeden Fall wird auf dieser Stufe schon klar, dass die Sorge, die häufig der Gefühlskontrolle entgegengebracht wird, dass sie gefühlsfeindlich sei, einen gefühlsärmer machen würde, unberechtigt ist. Sie führt vielmehr zu einer Gefühlsbereicherung und -differenzierung. Das Gefühlsleben erschöpft sich nicht mehr in einigen groben Kategorien großer Emotionen, auch nicht in Wellen, die einen hoch- und runterwerfen, sondern wird zu einer zusammenhängenden Farblandschaft mit unendlichen Nuancen in einem ständig wechselnden Licht. Gerade der Künstler braucht sich vor der hier gemeinten Gefühlskontrolle nicht zu fürchten. Die Unterhaltungsindustrie dagegen, die immer stärkere und schnellere Sensationen bis hin zu Schockerlebnissen produziert (wenn nicht Sentimentalität, falsches Pathos oder groben Humor), trägt eher zur Gefühlsverarmung und -kollektivierung bei.

Wenn wir auf unser Gefühlsleben Wert legen und seine Möglichkeiten intakt halten wollen, müssen wir es selbst in die Hand nehmen. Das beginnt mit aktiver Achtsamkeit. Diese können wir dann gezielt mit Weltwahrnehmungen verbinden. «Fühlen» wir nur im Kino? Was geschieht, wenn ich gezielt «fühle» bei bestimmten Eindrücken des täglichen Lebens, die ich gewöhnlich meinem Gefühlsleben fernhalte? Oder gar wenn ich mir ungewohnte Eindrücke zu Gemüte führe, Natur- oder Kunst- oder religiöse Eindrücke, die mir normalerweise fremd sind? Mit anderen Worten: Ich brauche nicht zu warten, bis ich «emotioniert» bin, und dann versuchen, das Beste daraus zu machen. Ich kann initiativ werden und die Anlässe sorgfältig auswählen und aktiv aufsuchen, damit mein Gefühlsspektrum sich ausweiten und feiner «ansprechen» kann.

*Gefühlsqualitäten*

**A**benteuerlust • Abhängigkeitsgefühl • Ablehnung • Abneigung • Abscheu • Abschiedsschmerz • Abspannung • Abstumpfung • Abwehr • Achtung • Aggressivität • Ahnung • Akzeptanz • Alpdruck • Ambition • Ambivalenz • Amüsiertheit • Andacht• Anerkennung • Angeregtheit • Angespanntheit • Angriffslust • Angst • Ängstlichkeit • Animosität • Anspannung • Anteilnahme • Antipathie • Anziehung • Apathie • Ärger • Argwohn • Atemlosigkeit • Aufbruchsstimmung • Aufgebrachtsein • Auflehnung • Aufmüpfigkeit • Aufregung • Aufruhr • Aufrüttelung • Ausgeglichenheit • Ausgelassenheit • Aversion

**B**ammel • Bange • Bedauern • Bedrängnis • Bedrückung • Befreiung • Befremdung • Befriedigung • Befriedung • Befürchtung • Behagen • Begeisterung • Beklemmung • Beklommenheit • Bekümmertheit • Beleidigtsein • Belustigung • Benommenheit • Beruhigung • Berührungsangst • Beschämung • Beschaulichkeit • Bescheidenheit • Beschwingtheit • Besinnlichkeit • Besonnenheit • Besorgnis • Bestätigung • Bestimmtheit • Bestürzung • Betäubung • Betretenheit • Betroffenheit • Betrübnis • Beunruhigung • Bewunderung • Bezauberung • Bitterkeit

**D**ankbarkeit • Demut • Demütigung • Deprimiertheit • Devotion • Duldsamkeit

**E**hrgeiz • Eifer • Eifersucht • Einfühlsamkeit • Einfühlung • Einsamkeit • Ekel • Ekstase • Empfindlichkeit • Empfindsamkeit • Empörung • Enthusiasmus • Entschiedenheit • Entschlossenheit • Entspannung • Enttäuschung • Ehrfurcht • Entrüstung • Entsetzen • Entzücken • Ergebenheit • Ergriffenheit • Erleichterung • Erlösung • Erniedrigung • Ernst • Erregung • Erschöpfung • Erschütterung • Erstaunen • Erwartung • Erwartungsangst • Euphorie

**F**eierlichkeit • Feindseligkeit • Festigkeit • Freude • Friede – Frohmut • Fröhlichkeit • Frustration • Furcht • Fürsorge

**G**eborgenheit • Geduld • Gefallen • Gefühllosigkeit • Gelassenheit • Genugtuung • Genügsamkeit • Genuss • Gerechtigkeitsgefühl • Gereiztheit • Geringschätzung • Geruhsamkeit • Gewissheit • Gleichgültigkeit • Gleichmut • Glück • Glückseligkeit • Gram • Grauen • Grimm • Groll • Gute Laune

**H**armonie • Hass • Heimweh • Heiterkeit • Hemmung • Herzlichkeit • Hilflosigkeit • Hingabe • Hingegebenheit • Hochachtung • Hochmut • Hochschätzung • Hochstimmung • Hoffnung • Hoffnungslosigkeit • Hohn

**I**nbrunst • Indifferenz • Insuffizienzgefühl • Interesse • Intimität • Irritation • Isoliertheit

**J**ammer • Jubel

**K**ampfeslust • Kränkung • Kummer

**L**ampenfieber • Lähmung • Langeweile • Langmut • Lebensangst • Leere • Leichtsinn • Leid • Leidenschaft • Liebe • Lust • Lüsternheit • Lustlosigkeit

**M**achtgefühl • Melancholie • Minderwertigkeitsgefühl • Missachtung • Missbehagen • Missbilligung • Missfallen • Missgunst

• Missmut • Missstimmung • Misstrauen • Missvergnügen • Mitfreude • Mitgefühl • Mitleid • Munterkeit • Mut • Müdigkeit

**N**achgefühl • Neid • Nervosität • Neugier • Niedergeschlagenheit • Nötigung

**O**ffenheit • Ohnmacht • Optimismus

**P**anik • Peinlichkeit • Pessimismus • Prüfungsangst

**R**achegefühl • Ratlosigkeit • Rausch • Reizbarkeit • Resignation • Ressentiment • Respekt • Reue • Richtigkeit • Rivalität • Ruhe • Rührseligkeit • Rührung

**S**anftmut • Schadenfreude • Scham • Schauder • Scheu • Schiss • Schlechtes Gewissen • Schmerz • Schock • Schönheitsgefühl • Schreck • Schuldgefühl • Schüchternheit • Schwärmerei • Schwermut • Sehnsucht • Selbstgefühl • Selbst(un)sicherheit • Selbstverliebtheit • Selbstvertrauen • Seligkeit • Sensationslust • Sentimentalität • Sicherheit • Sorge • Spannung • Spaß • Stärke • Staunen • Stolz • Streitlust • Stress • Sympathie

**T**ätigkeitsdrang • Teilnahmslosigkeit • Todesangst • Toleranz • Trauer • Traurigkeit • Treue • Triumphgefühl • Trostlosigkeit • Trotz • Trübsinn

**Ü**belkeit • Übermut • Unbehagen • Unbekümmertheit • Unempfindlichkeit • Unentschlossenheit • Unerschrockenheit • Unerschütterlichkeit • Ungeduld • Ungewissheit • Unglück • Unlust • Unmut • Unschlüssigkeit • Unsicherheit • Unterlegenheit • Unverständnis • Unwille • Unwirklichkeitsgefühl • Unzufriedenheit • Übermut • Überraschung • Überrumpelung • Überwältigung

**V**erachtung • Verantwortungsgefühl • Verbitterung • Verblüffung • Verbundenheit • Verdrossenheit • Verdruss • Verdutztsein • Verehrung • Vergebung • Vergnügen • Verlassenheit • Verlegenheit • Verliebtheit • Verständnis • Verstimmung • Vertrauen • Verwirrung • Verwunderung • Verzagtheit • Verzauberung • Verzeihung • Verzückung • Verzweiflung • Vitalität • Vorfreude • Vorgefühl • Vorliebe

**W**agemut • Wahrheitsgefühl • Wehmut • Wertschätzung • Widerborstigkeit • Widerstand • Widerwille • Wohlbefinden • Wohlbehagen • Wohlgefallen • Wohlwollen • Wollust • Wonne • Wut
**Z**aghaftigkeit • Zappeligkeit • Zärtlichkeit • Zerknirschung • Zerrissenheit • Zorn • Zufriedenheit • Zukunftsangst • Zuneigung • Zusammengehörigkeitsgefühl • Zustimmung • Zuversicht • Zweifel • Zwiespältigkeit etc.

Diese Auflistung von Gefühlsbezeichnungen ist weder korrekt noch vollständig. Versuchen Sie zu ergänzen, was fehlt, und zu streichen, was nicht hineingehört. Sie werden Homonyme finden und unterschiedliche Steigerungsgrade einer selben Emotion. Überhaupt werden Sie die Neigung verspüren, Ordnung in der Vielfalt anzubringen; machen Sie sich Ihre Kriterien bewusst. Auch die angrenzenden seelischen Bereiche, mit denen das Emotionsleben zusammenhängt, werden Ihnen in den Blick geraten. Sie sind auf dem Wege zu einer eigenen Emotionstheorie. Oder vielleicht haben Sie bemerkt, dass Sie nicht nur die Liste, sondern Ihr eigenes Gefühlsrepertoire noch erheblich ausdehnen könnten?

## 4. Das Ringen um den Ausdruck

Die «Gefühlskontrolle» im engeren Sinne bezieht sich – wie wir im vorigen Kapitel sahen – auf die Beherrschung und Gestaltung des emotionalen *Ausdrucks*. Dass wir ein dem Anlass entsprechendes Gefühl haben, wird vorausgesetzt. Die Frage ist: Was passiert dann? Sind wir ihm ausgeliefert, geht es mit uns durch, oder halten wir die Zügel und bestimmen die Fahrt? Rudolf Steiner: «Nicht den berechtigten Schmerz soll man unterdrücken, sondern das unwillkürliche Weinen; nicht den Abscheu vor einer schlechten Handlung, sondern das blinde Wüten des Zorns; nicht das Achten auf eine Gefahr, sondern das fruchtlose ‹sich fürchten› und so weiter.»[86]

Gelingt dies David? Inwiefern sind seine Gefühle «berechtigt»? Vielleicht auch: Welche sind es mehr als andere? Eine schwierige Frage, für die wir unter Punkt drei erste Gesichtspunkte gewannen. Aber dann: «Beherrscht» er ihren Ausdruck? Im großen Ganzen wohl eher nicht, vor allem nicht während seiner Betrunkenheit, obgleich auch hier noch Differenzierung möglich ist: Er gibt den Tränen nicht nach, stößt den Tisch nicht um, geht Jänner nicht an die Kehle. Aber sein inneres Schimpfen ist ziemlich «fruchtlos», obgleich auch hier das Zugeständnis sich Bahn bricht, dass Jänner ein genialer Künstler ist. Beachten wir: Auch das innere Schimpfen kann als unbeherrschter «Ausdruck» betrachtet werden, der innere Beobachter wird es als solches beurteilen. Als genialer Künstler scheint Jänner David in puncto Ausdruck weit überlegen zu sein: sowohl im Café wie auf der Bühne. Wir können feststellen, dass dies einhergeht mit einer helleren Wahrnehmung der Gefühlszustände der anderen und der Fähigkeit, ihnen entgegenzukommen: «Er erkannte und verstand Davids Erstaunen und wollte ihm auf die Sprünge helfen», er «verstand seine Verlegenheit» und versuchte ihn zu beruhigen, lächelt ihm zu, versucht ihn einzubeziehen, lässt sich nicht provozieren, beschwichtigt und hilft, den Skandal zu vermeiden. Merken wir uns auch dieses: Beherrschung der eigenen Gefühle geht hier einher mit der Aufnahmefähigkeit für die Gefühle der anderen Anwesenden. Ob das auf einen allgemeineren Zusammenhang hinweist?

Besonders interessant sind Jänners Ausführungen über den Schauspieler, der einen Schauspieler darstellt, der den Teufel spielt. Er gibt zu, dass der Ausgangspunkt die Grausamkeit ist, von der man selbst im Augenblick beseelt ist, die Bosheit, in die er «sich hineinversetzen muss und die er ganz richtig aus sich selbst holen muss». Aber er muss sie «beherrschen», d. h. «durchschauen» und «überwinden» – «verwandeln». Dann wird daraus «eine neue Kraft, eine Leuchtkraft».

Mir scheint, dass diese Angaben durchaus treffend sind im Hinblick auf Gefühlskontrolle als gestaltenden Ausdruck: Ich darf mich nicht blind mit meinen Emotionen identifizieren, muss sie durchschauen und «stilisieren». Dann können sogar negativ erlebte, möglicherweise destruktive Emotionen zu einer Kraft werden, die vom Ich souverän und hilfreich eingesetzt werden kann.

Trotzdem lässt sich bei mir ein Rest von Zweifel in Bezug auf Jänner nicht ausmerzen. Ist er als Schauspieler – und an Sofia interessiert – nicht allzu sehr auf Wirkung bedacht? Vielleicht sympathisiert mein Gefühl mit David, dann wieder schwankt es. Wie sehr ist Jänner beherrscht vom Wunsch, überlegen zu wirken, Publikum und nicht zuletzt Sofia zu beeindrucken, einen Konkurrenzkampf für sich zu entscheiden? Inwiefern ist seine «Gelassenheit» nicht einfach der unwillkürliche Ausdruck seines sicheren Gefühls der Überlegenheit? Wie dem auch sei, das kann uns warnen, dass die «Beherrschung des Ausdrucks» nicht nach dem äußeren Schein beurteilt werden kann, ja, nicht einmal nach der inneren Überzeugung der Betreffenden selbst. Denn Jänner könnte sich täuschen darüber, wer hier die Kontrolle hat: Vielleicht beherrscht nur sein sich selbst genießendes Überlegenheitsgefühl die Szene. Beherrschung des Ausdrucks erinnert uns wieder an die große Bedeutung der Achtsamkeit als Mittel zur Selbsterkenntnis: Gefühle können in sich widersprüchlich sein, sind wechselhaft und zeigen überdies verschiedene Schichten. Diese angemessen, stimmig und souverän zum Ausdruck zu bringen will gelernt und geübt sein. Das achtsame Ich ist immer in Entwicklung begriffen.

Auch hier geht es darum, dass wir uns den letzten Schliff selbst geben. Was Erziehung, Gesellschaft, Leben, Beruf aus uns gemacht haben, gibt uns als Selbstführenden noch kein vollständiges, individuelles, zuverlässiges Ausdrucksinstrumentarium.

Es kann auch bei verschiedenen Emotionen unterschiedlich aussehen. «Positive» Gefühle können wir vielleicht locker zum Ausdruck bringen, aber «negative» wie Ärger, Unzufriedenheit? Aber auch das Umgekehrte kommt vor (dass man sich beim Ausdruck «negativer» Gefühle weniger angreifbar, stärker fühlt als bei «positiven»). Oder ich bringe sie alle so zum Ausdruck, wie ich gelernt habe, dass es gemacht werden kann oder muss. Oder ich glaube, dass ich in gefühlsmäßiger Hinsicht authentisch und zu mir selbst gekommen bin. Ich halte mich für die Ruhe oder Gleichmut selbst, bis ich in einer ungewohnten Lebenssituation entdecke, dass sie mir abhandenkommen und ich nicht imstande bin, sie selbst wieder herzustellen. Oder ich habe eine Selbstbeherrschung erreicht, die gar nicht zulässt, dass ich Gefühle oder ein bestimmtes Gefühl angemessen zum Ausdruck bringe. In diesem Falle besteht die Selbsterziehung zur Gefühlskontrolle im Sich-Anerziehen des entsprechenden Gefühlsausdrucks, also im Gegenteil des Unterdrückens.

Rudolf Steiner: «Hat einem das Leben Erregtheit beigebracht, so sollte man sich die Erregtheit aberziehen; hat einem aber das Leben Gleichmut beigebracht, so sollte man sich durch Selbsterziehung so aufrütteln, dass der Ausdruck der Seele dem empfangenen Eindruck entspricht. Wer über nichts lachen kann, beherrscht sein Leben ebenso wenig wie derjenige, welcher, ohne sich zu beherrschen, fortwährend zum Lachen gereizt wird.»[87] Die Ausdruckskontrolle liegt somit zwischen beiden Polen:

| nicht lachen können | ←——— und ———→ | unwillkürliches und unbeherrschbares Lachen |
|---|---|---|

Was die «Queen» (siehe Illustration, S. 110) kann, muss man vielleicht können, aber wenn man nicht mehr anders kann oder es so für richtig hält, ist «Beherrschung des Gefühlsausdrucks» schwer missverstanden worden.

Man kann hier wieder an das Theaterspiel als ausgezeichnetes Mittel zur Selbsterziehung denken, nämlich als ein Mittel, Gefühle aus mir selbst herauszuholen, mich in sie so hineinzuversetzen, dass ich sie wirksam zum Ausdruck bringen kann. Vielleicht muss ich sogar einen Schritt zurück: Um zu lachen kann, muss ich mich freuen können. Kann ich meine Seele so für das Erfreuliche öffnen, um es angemessen zum eigenen Erlebnis werden zu lassen? Ich muss mich also vergewissern, dass das Ausdrucksproblem nicht auf eine Erlebnisstumpfheit zurückgeht.

## 5. Der Wächter im Leuchtturm

Die Gefühlskontrolle ist ein Weg zur *Mitte- und Mittelpunktbildung* in der Seele. Diesen Mittelpunkt können wir das beobachtende Ich nennen, das sich immer mehr zum Dirigenten und ausführenden Künstler gleichermaßen entwickelt. In unserem litera-

rischen Fragment tritt es nur metaphorisch oder im schwachen Abglanz auf. Die Art, wie Jänner als Mittelpunkt die Café-Szene beherrscht, kann als ein (noch unzulängliches) Bild dafür gesehen werden. Aber auch die Art, wie Hannes David nach Hause begleitet und zu beruhigen versucht: man braucht sich nur vorzustellen, David würde so mit sich selbst umgehen. Dieses Bild ist ebenfalls unvollkommen, denn Hannes ist nicht sehr wählerisch in seinen Mitteln, alle sind gut, wenn sie nur trösten und

David wieder «präsentabel» machen. Seine Metapher: «wie eine Feder im Wind» – ohne Halt den Emotionen ausgeliefert – hat Ähnlichkeit mit einem Vergleich, den Rudolf Steiner anstellt; nur das Element – Wasser statt Wind – wird gewechselt: «Maßvoll … sich den lusterregenden Eindrücken hingeben können und auch den schmerzlichen Erlebnissen: immer durch beides mit Würde hindurchschreiten. Von nichts sich übermannen, außer Fassung bringen lassen. Das begründet nicht Gefühllosigkeit, sondern macht den Menschen zum festen Mittelpunkt innerhalb der Lebenswellen, die rings um ihn auf- und niedersteigen.»[88] Statt eine Feder im Wind oder ein Stück Treibholz zu sein: zum festen Mittelpunkt werden. Gelassenheit oder Gleichmut darf nicht mit Windstille und glattem Wasserspiegel identifiziert werden. Das Bild des Leuchtturmes, der fest auf dem Felsen inmitten des tosenden Meeres steht, kann diese paradoxe Qualität schon eher symbolisieren: Er kann nicht verhindern, dass es mal Stürme gibt, steht aber auch dann fest und gibt Orientierung.

Allerdings ist es in der Regel (Selbst-)Überforderung, diese Qualität an den Anfang stellen zu wollen. Deshalb gehen die Gedanken- und die Handlungskontrolle der Gefühlskontrolle voran: Die Ausbildung des Denkens bildet den inneren Beobachter in der Seele erst aus (während man sonst im Erleben aufgeht), die Handlungskontrolle überträgt die gedanklich gewonnene Autonomie auf den Bereich des (willkürlichen) Ausdrucks. Willkürliches Ausdrucksgeschehen kann als ein Spezialbereich des Handelns überhaupt betrachtet werden. Zunächst ausgeschlossen sind die unwillkürlichen physiologischen Begleiterscheinungen wie erhöhter Blutdruck etc., die man meines Erachtens nicht direkt, sondern allenfalls indirekt über die genannten seelisch-geistigen Funktionen angehen soll. Sie sind in diesem Sinne ein brauchbarer Indikator für die schon errungene (oder verfehlte) Selbstbeherrschung bzw. für das erreichte Ausmaß der Achtsamkeit (oder Selbsttäuschung).

An dieser Stelle möchte ich daran erinnern, dass der emotionale Ausdruck nicht das einzige oder nicht unbedingt das Hauptthema des Emotioniertseins ist. Ich habe erlebt, dass Übende über die Frage der Ausdrucksbeherrschung die eigentliche Handlungsfrage aus dem Auge verlieren. Wenn ich mich fürchte, ist nicht die einzige Frage die, ob ich schreie und weglaufe oder stumm stehen bleibe, sondern wie ich in dieser Situation vernünftig handle. Falls der Anlass, mich zu fürchten, tatsächlich bedrohlich ist, kann es die richtige Handlung sein, mich still zu entfernen, oder aber auch, ihn gezielt auszuhalten (um z. B. andere, für die ich verantwortlich bin, zu schützen). Das kann beinhalten, dass ich meiner Furcht keinerlei Ausdruck verleihen will. Stimmungen, Gefühle, Emotionen können für den Handelnden Signalfunktion haben oder mit Grundlage sein, eine Situation zu beurteilen und dementsprechend zu handeln. Die Handlung selbst braucht keinen emotionalen Ausdruckscharakter zu haben. Sich dies zu vergegenwärtigen und als Einsicht umzusetzen scheint mir ebenfalls zur Beherrschung des Ausdrucks und der Ich-Bildung zu gehören. Dies zu betonen ist meines Erachtens nicht ganz überflüssig. Mir begegnet – vielleicht vor allem in bestimmten Milieus – etwas, was ich geradezu als «Ausdruckszwang» bezeichnen möchte, eine Art Intoleranz gegenüber dem Entschluss, eine emotionale Konstellation nicht gefühlsmäßig betont, sondern sachlich oder handlungsorientiert anzugehen. Emotionaler Ausdruck ist im Leben jedoch selten Selbstzweck.

## 6. Das Sonnenauge

Als Licht, das von der Ich-Tätigkeit vorausgeworfen wird, scheinen im literarischen Fragment die Ruhe und die Empfänglichkeit auf. Hannes versucht David zu beruhigen; Jänner strahlt Ruhe aus. Und wir wiesen schon darauf hin, dass diese Ruhe es ihm ermöglicht, auch das Seelenleben der anderen wahrzunehmen: «Er erkannte und verstand Davids Erstaunen», er «verstand seine Verlegenheit». Solange wir von unseren Gefühlen überwältigt sind, fällt es uns schwer, wirklich offen zu sein für das, was andere erleben und brauchen.

Diese Qualität der Ruhe ist – wie wir sahen – nicht bloß Abwesenheit von Aufregung oder Unruhe, sie ist in sich eine positive Kraft. Sowohl Achtsamkeit wie Beherrschung des Ausdrucks setzen bereits, wie wir sahen, ein gewisses Maß an Mittelpunktbildung in der Seele voraus und tragen zugleich zu dessen Konsolidierung bei. Das drückt sich allmählich in einer positiven Qualität aus, die man als Gelassenheit, Gleichmut oder innere Ruhe bezeichnen kann. Der hier beschriebene Weg der Intensivierung des Gefühlslebens führt eher zu einem Gefühl der Ruhe als zur Leidenschaftlichkeit und Erregung. Man darf sich diese Ruhe jedoch nicht statisch oder passiv vorstellen, vielmehr ist sie aktiv und dynamisch. Sie schafft einen inneren Raum, während drum herum sogar Sturm toben kann. Bildhaft gesprochen: Den Turm stellen wir uns zunächst als einen Punkt im umgebenden Raum vor. Jetzt geht es darum, den Punkt auszuweiten zu einem Raum, in dem man ungestört verweilen kann. Im Turm ist auch Innenraum. In unserer Seele entspricht dem gewissermaßen ein Innenraum hoch zwei, in dem Ruhe als Qualität, als positiv wirksame Atmosphäre waltet. Weil der Raum aber von dem Tohuwabohu freigehalten und von Ruhe erfüllt werden kann, ist er empfänglich für andere Inhalte als mein bloßes Selbsterleben. Das kann der Gemütszustand eines anderen Menschen sein, die Stimmung in einer Versammlung oder einer Landschaft, der Ausdrucksgehalt eines Kunstwerks, die Qualität eines Gedankens oder einer Handlung usw. In dem beruhigten und ruhevollen Innenraum können sich übersubjektive Inhalte meditativ entfalten. Sicher ist es einfacher, wenn die ganze Seele (und nicht nur der «Innenraum hoch zwei») sich beruhigt. Aber abgesehen davon, dass das

Leben in der heutigen Zeit das selten erlaubt, wenn man sich auf es einlässt, würde uns dann viel entgehen, was nur durch Gemütsbewegungen vermittelt wird. Wir dürfen aber auch nicht in ihnen aufgehen. Wir müssen uns zugleich über sie erheben können, wie es im Bild des Leuchtturms ebenfalls angelegt ist. Diese erhöhte Position (im Ich) lässt idealiter eine Weltverbindung zu, die vom Sturm nicht betroffen ist, aber diesen als Teil des Weltgeschehens auch nicht verleugnen will.[89] Im nächsten Kapitel werden wir hierauf aufbauen. Schließen wir jedoch zuerst dieses Kapitel ab.

## 7. Ichhafte Selbstlosigkeit

Bei genauerer Betrachtung sind unsere emotionalen Erlebnisse eng verbunden mit unserem Selbstgefühl. Im Normalfall sagen wir «*ich bin* traurig, *ich bin* sauer, *ich* freue *mich*», und obwohl wir sagen können «ich habe Angst», können wir uns von der Angst zunächst genauso wenig distanzieren wie von den anderen Zuständen. Es gehört schon eine gewisse Übung oder ein bewusster Umgang mit Emotionen dazu, wahrhaftig sagen zu können: «ich spüre Trauer (oder Freude) in mir», «ich merke, dass ich beginne, mich aufzuregen», «Angst steigt in mir auf». Im Laufe des Übens entsteht durch die Selbstdistanz und Ausdruckskontrolle ein Freiraum, in dem eine Richtungsumkehr stattfinden kann: von der passiven Betroffenheit zum aktiven Fühlen (Tätigkeitswort), damit vom *Selbstgefühl* zum *Weltgefühl.* Wie sprechen sich Menschen, Dinge, Situationen, Pflanzen und Tiere, Witterung, Ereignisse, Kunstwerke in mir aus?

Das sucht auch Rudolf Steiner: «Wir müssen den Weg finden, um gleichsam hineinzukriechen in andere Wesen, um mit ihnen zu fühlen.»[90]

Solange der Mensch in seinen Gefühlen lebt, *erkennt* er nicht durch sie. «Wenn er sein Selbstgefühl aus ihnen herauszieht, dann werden sie seine Wahrnehmungsorgane; (…) dann erkennt er durch sie.»[91]

Fassen wir die Stufen der Verwandlung zusammen. Wir erkennen in ihnen die sechs Eigenschaften innerhalb des Gefühlsbereichs selbst wieder: Die Achtsamkeit verinnerlicht die Führung der Aufmerksamkeit, die durch die Gedankenkontrolle entsteht. Die Beherrschung des Ausdrucks kann als ein Spezialfall der Handlungskontrolle betrachtet werden. Nach der Mittelpunktbildung entspricht die aktive Ruhe der Herstellung der Positivität und die Empfänglichkeit der Unvoreingenommenheit, der Offenheit für das, was kommen will. Die Richtungsumkehr und die dabei stattfindende Organbildung fassen das Ganze zusammen, wie es die Harmonie für die sechs Eigenschaften tut. Das Sonnensymbol (Punkt und Umkreis) – es kann uns auch an die Pupille eines Auges erinnern – könnte Anhaltspunkt einer Meditation im Sinne des nächsten Kapitels sein.

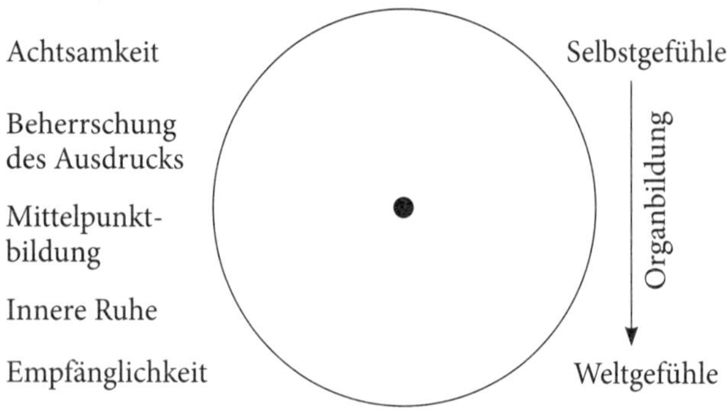


Zurückblickend können wir diesen Schritten eine neue Nuance abgewinnen: Schon die Achtsamkeit kann die Außenperspektive integrieren (Was sagt mir mein Gefühl über den Auslöser?). Und die Beispiele, die Rudolf Steiner für die Beherrschung des Ausdrucks gibt, können wir jetzt als Hinweis auf ein Unterscheidungskriterium lesen: Der Schmerz ist «berechtigt», insofern er sich auf ein ihn begründendes Ereignis bezieht, der Abscheu bezieht sich auf eine schlechte Handlung, die Furcht auf eine Gefahr. Ein Seminarteilnehmer entdeckte für sich einen Unterschied zwischen seiner Wut und seinem Zorn. Wenn er «wütend» war, empfand er sich als verstört, chaotisch, unklar, in sich gefangen, kaum imstande, sich der Umwelt zu öffnen und sinnvoll zu handeln. Seinen «Zorn» dagegen erlebte er als klar und entschieden, sehr wohl wissend, worauf es ankam, und handlungsfähig. Der Weltbezug soll bei der Selbstführung entscheidend bleiben. Ich darf mich in meinem Erleben weder verlieren noch ihm – in dem Bereich des Willkürlichen – unwillkürlichen Ausdruck verleihen (womit mein Verhältnis zu den Bezugspunkten in der Welt übertönt würde): das Wüten des «Zorns» wird blind, das Sich-Fürchten wird fruchtlos. Das Kriterium der Berechtigung könnten wir als «Selbstlosigkeit» bezeichnen, was im Gefühlskontext paradox anmuten darf. Wenn ich mich mit meinen persönlichen Gefühlen nur identifiziere, verliere ich tendenziell meinen Weltzusammenhang, ich erlebe dann nur noch «mich». Meine Erkenntnis- und Handlungsfähigkeit gehen dabei verloren. Gesunde Selbstlosigkeit bedeutet somit Ichhaftigkeit.

# Kapitel 4
# Meditation – der Königsweg zur spirituellen Intelligenz

«Wenn der Mensch einmal beginnt, Meditationen zu machen, so vollzieht er damit die einzige wirklich völlig freie Handlung in diesem menschlichen Leben.»

*Rudolf Steiner*[92]

## 1. Seelenzwiespalt

Erinnern wir uns an den Anfang: Emotionale Intelligenz bedeutet, vernünftig mit Emotionen umgehen zu können, mit anderen Worten Herz und Verstand, die sich mit dem Anfang der modernen Zeit getrennt haben, wiedervereinigen und damit beide wieder «zur Vernunft bringen». Früher lebten sie in engerer Verbindung: in Urzeiten, von denen die Mythologie zeugt, aus geistig-sozialen Zusammenhängen heraus; seit der griechischen Antike und der Geburt des Denkens in der Form der geschlossenen Persönlichkeit, wie es in Golemans Aristoteleszitat zum Ausdruck kommt. Mit der Neuzeit scheint sich die geschlossene Persönlichkeit in «Patchwork-» oder gar multiplen Persönlichkeiten wieder aufzulösen. Selbstlose Ich-Tätigkeit muss zu den zivilisatorisch-gesellschaftlichen Kräften hinzukommen, wenn die Seelenkräfte einen frei zu handhabenden Zusammenhang bewahren oder – in dieser Freiheit – erstmalig erringen sollen.

Noch im Spätmittelalter legen zum Beispiel die Gottesbeweise Zeugnis von der engen Verbindung der Seelenkräfte ab. Heutzutage lässt sich kaum noch jemand durch eine logische Argumentation zu einem überzeugenden Wirklichkeitserleben (ver-)führen. Umgekehrt lassen Herzensgründe sich schwerlich von logischen Argumenten überstimmen. Häufig leidet der moderne Mensch unter dem Konflikt zwischen Gefühl und Verstand, wie die psychologische Praxis bezeugt.

In der Philosophiegeschichte findet dieser Zwiespalt einen klassischen Ausdruck. In ihrem Buch *Gefühl und Urteilskraft. Ein Plädoyer für die emotionale Vernunft* skizziert Carola Meier-Seethaler die historische Spur der zweiten, vom rationalistischen Mainstream der modernen europäischen Philosophie zurückgedrängten Linie, deren Ausgangspunkt sie bei Blaise Pascal (1623–1662) situiert.[93] Bekanntlich unterscheidet dieser geniale Mathematiker und Freund Descartes' die Logik des Verstandes (l'ordre de la raison) von der Logik des Herzens (l'ordre du coeur). Wer kennt nicht sein berühmtes Adagium: «Le coeur a ses raisons que la raison ne connaît pas» («Das Herz hat Gründe, von denen der Verstand keine Ahnung hat»)? Nicht nur in Fragen der Moral sieht er das Urteil des Herzens als maßgebend an. Für ihn ist das Gefühl ein feinsinniges Erkenntnisorgan, um zum Beispiel die wechselhaften Erscheinungen des Lebendigen und die Beziehungen zwischen den Menschen erfassen zu können. Wir sehen hier also nicht nur die Trennung von Gefühl und Verstand klar zum Ausdruck gebracht, sondern zugleich werden beide aus einer Erkenntnisperspektive betrachtet. Während die Hauptlinie des europäischen und westlichen Denkens Gefühl und Emotion in Wissenschaft und Technik als störend betrachtet und deshalb (in Kunst, Religion und Privatleben) zurückdrängt, ist bei Pascal schon ein Bewusstsein des Erkenntnispotenzials vorhanden, das im Weltbezug des Gefühlslebens vorhanden ist. Es leuchtet eine Intelligenz auf, die im Gefühlsleben selbst verschlossen liegt: ein

Aspekt, der in Golemans Konzept der emotionalen Intelligenz allenfalls im Hintergrund bemerkbar wird, wenn man den Blick gezielt darauf richtet. Goleman selbst geht es, wie schon gesagt, um einen intelligenten Umgang mit dem Gefühlsleben in dem Dienst persönlicher und gesellschaftlicher Ziele: ein *pragmatischer* Verstand, der sich am Erfolg misst. Hier geht es nicht mehr nur um die Frage, wie gehe ich «vernünftig» mit Emotionen um, sondern wie können wir der im Herzen selbst schlummernden «Vernunft» zur Offenbarung verhelfen?

Es ist in diesem Rahmen nicht möglich, Carola Meier-Seethalers Skizze in extenso wiederzugeben. Dafür sei hier exemplarisch auf die amerikanische Philosophin Susanne Langer (1895–1985) hingewiesen, die von ihr als letzter Meilenstein der zurückgedrängten historischen Linie genannt wird. Susanne Langer betrachtet – mit Ernst Cassirer – die Symbolbildung (in Sprache, Ritus, Mythos, Kunst und Traum) als wesentliche Tätigkeit des menschlichen Geistes. Wie alles verstandesmäßige Denken auch ist die Symbolisierung vom Bedürfnis nach geistiger Orientierung und Sinnstiftung geleitet. Susanne Langer beschränkt den Bereich der Vernunft also nicht auf das abstrakte Denken mit seiner diskursiven Sprache, sondern rechnet auch die symbolische Vermittlung emotionaler Inhalte dazu. Diese nennt sie «präsentative» (statt diskursive) Symbolik.[94] Diese hat eine eigene Logik, eine disziplinierte Artikulation von Erlebnissen, die ihre eigene, besondere Rationalität haben. Kann diese Rationalität näher charakterisiert werden? In seiner *Geheimwissenschaft im Umriss* weist Rudolf Steiner ebenfalls auf den «Seelenzwiespalt» in dem modernen Menschen hin.[95] Er beschreibt, wie der Blick des Menschen in der Neuzeit auf die sinnliche Welt und ihre Beherrschung gelenkt wurde und wie er dabei seine Verstandeskräfte benützt, deren Instrument das Gehirn ist. Andererseits bleibt in ihm als Nachklang aus älteren Zeiten, in denen er ein unmittelbares Schauen übersinnlicher Welten hatte, ein Zug zum Geistigen. Dieser ist jedoch zu schwach, um zur Anschauung zu werden, und lebt nur noch in *Gefühl und Empfindung als Empfänglichkeit* für die Offenbarung des Geistigen.

Ich möchte diese Aussage als entscheidenden Hinweis auf den eigenen Charakter der Herzensintelligenz aufgreifen: sie ist spiritueller Art. Während der Verstand auf die Sinneswelt orientiert ist, lebt im Herzen noch ein Zug zum Übersinnlichen. Dieser kann freigesetzt und zur Anschauung erhoben werden, wenn das Gefühl aus seiner Selbstbezogenheit erlöst werden kann, in die es gerade auch durch die Selbstzentriertheit des in der Sinneswelt aufgewachten Verstandesmenschen geraten ist. Der moderne Mensch erlebt sich selbstbewusst einer äußeren Welt gegenüberstehend. Diese bezieht er auf sich, seine Bedürfnisse und Urteile. Auch sein Gefühl ist Ausdruck dieses Selbstbezugs geworden: Was sagt die Welt *mir*? Wie trifft und betrifft sie mich? Wie fühle ich mich? Damit überzog eine neue Schicht die tiefere Verbundenheit mit der Welt.

## 2. Paul Celan in Assisi

Der Königsweg zur Freisetzung der Intelligenz der Herzenskräfte ist die Meditation. Ich möchte den Gang der Darstellung hier jedoch bremsen und die Betrachtung eines lyrischen Gedichts einfügen, aus drei Gründen: als Beispiel präsentativer Symbolik, um die Bedeutung der künstlerischen Seelenverfassung für die Meditation hervorzuheben und zugleich als Symptom der gebrochenen Seelenlage des Menschen seit dem 20. Jahrhundert, auch was den Zug zum Geistigen betrifft. Mit dieser Seelenlage bekommt jeder Zeitgenosse, der meditieren will, es nolens volens zu tun. Sie zu überspielen kann wohl kaum in eine seelisch-geistige Wirklichkeit führen.

Dazu wähle ich Paul Celans Gedicht «Assisi», mit dem in verschiedenen Seminaren Erfahrungen gesammelt wurden. Nehmen wir es zunächst ohne sonstiges Vorwissen zur Kenntnis, wie es uns beim Aufschlagen des Gedichtbandes vor Augen stehen könnte:

«Assisi»

Umbrische Nacht.
Umbrische Nacht mit dem Silber von Glocke und Ölblatt.
Umbrische Nacht mit dem Stein, den du hertrugst.
Umbrische Nacht mit dem Stein.

Stumm, was ins Leben stieg, stumm.
Füll die Krüge um.

Irdener Krug.
Irdener Krug, dran die Töpferhand festwuchs.
Irdener Krug, den die Hand eines Schattens für immer verschloss.
Irdener Krug mit dem Siegel des Schattens.

Stein, wo du hinsiehst, Stein.
Lass das Grautier ein.

Trottendes Tier.
Trottendes Tier im Schnee, den die nackteste Hand streut.
Trottendes Tier vor dem Wort, das ins Schloss fiel.
Trottendes Tier, das den Schlaf aus der Hand frisst.

Glanz, der nicht trösten will, Glanz.
Die Toten – sie betteln noch, Franz.[96]

Wir lesen es und haben mehr oder weniger starke und bestimmte Empfindungen und Gefühle; wir sind vielleicht unter den Einfluss einer Atmosphäre gekommen, die sich als Stimmung in uns widerspiegelt. Wir haben aber auch einen bestimmten gedanklichen Inhalt aufgenommen. Dieser ist allerdings in vielen Punkten unklar und mehrdeutig. Vieles verstehen wir nicht auf Anhieb. Greifbar ist ein Ort, schon im Titel: Assisi, in der ersten Zeile bestätigt durch den Hinweis auf die Provinz Umbrien. Es gibt auch eine Zeitangabe, aber die ist eher ungenau: Es ist Nacht. Aber welche Nacht, wann, wie spät? Darf das «Silber» als Anspielung auf das Mondlicht gelesen werden? Ist es möglicherweise eine Vollmondnacht? Die spätere Benennung des Schnees weist mit mehr Sicherheit auf die kalte Jahreszeit hin, aber das ist auch noch ungenau. – Aber ist Assisi nur eine sachliche Ortsbestimmung? Als Titelgedicht evoziert es eine Welt von Konnotationen kultur- und religionsgeschichtlicher Art (wenn wir von persönlichen Reiseerlebnissen absehen), die den Erwartungsraum des Lesers schon ausstaffiert. Dadurch verbindet er mit der direkten Anrede «Franz» am Schluss unvermeidlich Franz von Assisi, Gründer eines Bettelordens, auf den in der letzten Zeile auch angespielt zu werden scheint. Aber wer sind «die Toten»? Wohl nicht die bisher verstorbenen Franziskanermönche?

Aber auch wenn wir den Inhalt nicht verstanden haben, haben wir etwas aufgenommen und empfunden: Nacht und Winter sind genauso wenig bloße Zeitangaben, wie Assisi und Umbrien – das Land der Schatten (Umbre)? – Ortsangaben sind. Es ist dunkel und kalt, unheimlich. Es ist Schwere und Härte von Steinen darin. Die Gesamtatmosphäre ist bedrückend, unerlöst, trostlos. Aber nicht nur von Tod ist die Rede, auch von Geburt, doch damit stimmt ebenfalls etwas nicht: Es bleibt stumm, was ins Leben stieg, Schatten drücken ihr Siegel auf den Krug, der für immer verschlossen wurde, ein Wort fiel ins Schloss. Trauer und Hoffnungslosigkeit breiten sich in der Seele trotz Anspielung auf einen Geburtsvorgang aus. Oder stirbt die Hoffnung nicht ganz? Immerhin betteln die Toten *noch*, und es gibt einen, den man anreden kann – im Totenreich. Aber hört er einen? Herzzerreißend in ihrer unentschiedenen Unerlöstheit ist die Zwiesprache mit einem Toten über die Toten.

Aber wie weit sind wir entfernt von einem hemmungslosen Schluchzen – und zugleich von einer negativen, aber nüchternen Nachricht, zum Beispiel die Mitteilung eines tragischen Todesfalles (oder Totgeburt?). Wie wird uns der Inhalt – der offensichtlich mehr ist und sein will als eine sachliche Information, die sich an das Wissen und den Verstand wendet – eigentlich vermittelt? Mithilfe von Metaphern? Obgleich die Worte zugleich voll ihre gegenständliche Referenz behalten: Glocke, Ölblatt, Steine, Krüge, Grautiere werden jedem, der in Umbrien war, in ihrer sinnlichen Präsenz vertraut sein. Aber zugleich bekommen diese Gegenstände eine gesteigerte Bedeutung, sie werden wie aufgeladen, sie evozieren Sinnzusammenhänge, die weit über die Gegenständlichkeit hinausgehen und die, obwohl selbst nicht sinnlich, eine Erlebnisdichte, eine «Präsenz», erlangen, wie wir sie nur von satten Sinnesempfindungen kennen. Das bedeutet eben «präsentative Symbolik»: Bilder ballen in sich Sinnzusammenhänge zu der Dichte sinnlicher Präsenz zusammen und vermögen dadurch Erfahrungen zu vermitteln, die in ihrer Artikuliertheit, Differenzierung und «Mehrwert» (Prägnanz, Fruchtbarkeit) sowohl das Emotionale wie auch das Rationale übersteigen. Sie sind Bild und Kraft zugleich. Dazu gehören alle Formelemente, die in dem Gedicht eingesetzt werden. Schon der Blick auf den Blattspiegel zeigt uns eine geprägte Gestalt: drei Gruppen von vier Zeilen, unterbrochen von bzw. verbunden durch kürzere Zweizeiler – Strophen mit einer Art von Refrain. Wenn wir sie rhythmisch lesen und die Aufmerksamkeit auf diese Struktur richten, was empfinden wir dann? Verstärkung durch Wiederholung, aber keine leblose Wiederholung, Variation und Rhythmisierung. Jeweils Umkehrung in der Refrainabwandlung, die zu einer nächsten Strophe führt – wie eine Aufforderung – aber an wen gerichtet? –: «Füll die Krüge um – Lass das Grautier ein». Wir erinnern uns, dass Refrain auch «Kehrreim» heißt und von «refringere» stammt: «zurückprallen», wie die Wogen brechend von den Klippen zurückgeworfen werden. Aber auch «Strophe» heißt ursprünglich Wendung, Drehung (diesmal auf den griechischen Chor bezogen). Und bedeutet auch «Vers» nicht zuerst Umwendung – aber der Erde, durch den Pflug? Hier wird die Form selbst zur Aussage.

Sind es nicht enden wollende Wellen der Trauer, die brechen und wieder anrollen? Ist es das vergebliche Anrennen gegen eine Wand, die nicht nachgibt? Oder der schlurfende Gang eines müden, zermürbten Wesens, das sich trotz allem immer wieder aufrafft? In den Strophen haben wir den immer gleichen, wie obsessiven Anfang; in den Zweizeilern überrascht uns ein Endreim wie ein schwaches Echo – aber auf «stumm» und «Stein». Am überraschendsten jedoch ist die Schlusszeile, wo an die Stelle des stummen, starren Echos ein Eigenname gesprochen wird: eine Anrede! Von diesem Endreim her fällt neues Licht, ein neuer Glanz auf das Gedicht – auch wenn dieser keinen Trost bringen will. Wir hatten auch vorher das «Du» schon bemerkt, aber unwillkürlich als ein Zu-sich-selbst-Reden eines jemanden, der allein ist und eine schwere Last schleppt, aufgefasst («mit dem Stein, den du hertrugst»), beim zweiten Mal sogar halb-allgemein, fast wie «man» («Stein, wo du hinsiehst»). Oder spricht er zu jemand, der ihn begleitet? Am Ende jedoch wird ein bestimmtes personales, mitmenschliches «Du» angesprochen. Wie verhält sich dieses «Du» zu den vorigen? Wer spricht mit wem über welche Toten?

Bleiben wir noch eine Weile bei den Ausdrucksmitteln der präsentativen Symbolik. Neben Metaphorik und neben den Formelementen der Poetik ist die Lautung eines lyrischen Gedichts keineswegs sekundär oder zufällig. Vokale und Konsonanten vermitteln in ihrer sinnlichen Qualität ebenfalls Nicht-Sinnliches, das in der

Seele jedoch empfunden werden kann. Schon die Anfangszeile «Umbrische Nacht» schafft in ihrer Lautqualität eine unheimliche, dunkle Atmosphäre durch das U, das in das M übergeht und vom B umfangen wird; die Berührung durch das N weckt ein A, das aber nicht hell, sondern relativ dumpf bleibt, weil es durch den Hauch des Ch abgefangen und gedämpft wird usw. Es wurde in Seminaren immer wieder als sinnvolles Experiment erlebt, das Gedicht von seinen Wortbedeutungen zu entäußern und auf seine rhythmische Vokalgestalt zu reduzieren (mit betonten und unbetonten Vokalen), etwa so (laut zu lesen):

U i e A
U i e A i e I e o O e u Ö a
U i e A i e Ei e u E u
U i e A i e Ei
usw.

Was empfinden Sie?

Nach dem Versuch, den Sinngehalt nicht bloß aus Wortbedeutungen und Gedanklichem, sondern auch aus der Lautgebung zu schöpfen, erlebte ich irgendwann die Überraschung, zwischen Celans Gedichten auch Folgendes zu finden:

Deine Frage – deine Antwort.
Dein Gesang, was weiß er?
Tiefimschnee,
        Iefimnee,
                I-i-e.[97]

Celan selbst entblößt hier die Worte, bis ihr Herz hüllenlos, «nacktest» ist: bis auf die Vokale. Ein Grenzgang im verzweifelten Versuch, eine neue Sprache des Herzens zu finden, die das Schweigen beredt machen kann. So weit und weiter können wir kommen, ohne viel zu wissen über Celan und die Umstände, unter denen dieses Gedicht zustande kam. Wir möchten absichtlich mehrere Bilder des Gedichts hier unberührt lassen, damit dem Leser noch Freiraum für eigene Entdeckungen bleibt. Nur noch eine Bedeutungsschicht möchte ich ansprechen, die unbedarfte Seminarteilnehmer meines Erachtens zu Recht ins Spiel brachten: die Anspielungen auf das Christuswesen, das auf einem Esel geritten kam, im Ölgarten war und gestorben ist – zugleich das Wort, das am Anfang war …

Aber darf man nichts wissen? Darf man sich keine Gedanken über mögliche Intentionen, biografische Hintergründe und äußere Zusammenhänge machen? Einerseits glaubte Celan offenbar so stark an die Macht seiner künstlerischen Mittel, dass er dem – häufig hilflosen – Leser den Rat gab: «Lesen Sie, lesen Sie immer wieder, dann wird das Verständnis schon kommen.»[98] Andererseits war er ein «Poeta doctus», in dessen Schaffen sich ein unerhörter Reichtum von Bedeutungswelten und Kulturkreisen (z. B. christlich und jüdisch) zusammenballte. Man muss sich nicht auf eine künstliche Naivität beschränken, wenn die Erfahrung gemacht werden kann, dass die künstlerische Aussage nicht ärmer oder eindimensionaler wird, wenn bestimmte, zum Beispiel biografische Zusammenhänge enthüllt werden, sondern im Gegenteil reicher. Paul Celan heiratete im Dezember 1952 Gisèle Lestrange. Am 7. Oktober 1953, kurz nach dem Namenstag des Hl. Franziskus, wurde ihr erstes Kind geboren, das François genannt wurde. Es starb dreißig Stunden nach der Geburt infolge eines Geburtshilfefehlers. Celan: «Es war schwer, schwer, schwer.» Im darauf folgenden November besuchte Celan Assisi. Es wäre falsch – jetzt, wo wir diese Daten kennen –, das Gedicht zu einem Trauergedicht auf den Tod seines ersten Kindes zu reduzieren, geschweige denn, es mit seinem Informationsgehalt zu identifizieren, etwa: «Am 20. November 1953, drei Tage vor seinem 33. Geburtstag, während einer Italienreise, trauerte der Dichter Paul

Celan um seinen erstgeborenen Sohn, François, der am 8. Oktober desselben Jahres, 30 Stunden nach seiner Geburt, gestorben war.» Und es reicht noch nicht, hinzuzufügen: « Dabei wurde die (unverarbeitete) Erinnerung wach an die vielen anderen Toten, die in Celans Leben François vorangegangen waren.»

Alles vorher Gesagte bleibt gültig. Die Toten sind in der Mehrzahl; es geht nicht nur um François oder Franziskus, nicht einmal um die Verwandten, wie – vor allem – seine Mutter, die im Schnee des Kaukasus verschwand, noch um die zahllosen anderen jüdischen Menschen, die im Holocaust umgebracht worden und bis heute ungesühnt sind, sondern um «die Toten». Sicher sind viele Einzelne inbegriffen, aber im Gedicht wird über alle Verstorbenen etwas ausgesagt, von denen und zu denen keine Worte dringen, weil die Lebenden wie Taubstumme sind in Bezug auf die seelisch-geistige Welt, in der die Toten leben. Wie die Lebenden die Toten und ihre geistigen Impulse brauchen, so die Verstorbenen heute die Lebenden, um von ihnen «Wegzehrung», Kraft und Orientierung für ihren mühsamen Weg der Befreiung aus dem, was sie hält, in die geistige Welt hineinzubekommen. Aber so wie es vieles gibt, was nicht richtig sterben kann und so den «Weg zum Himmel» versperrt, so gibt es vieles, was nicht richtig geboren werden kann: Wie kann eine geistige Individualität Fuß fassen und ihr Wort – das an ihrem Lebensanfang steht – sprechen in einer Welt, die dunkel, kalt und geistabgewandt ist? Geburt und Tod, die Tore zum Übersinnlichen, sind ins Schloss gefallen, harren jedoch darauf, wieder geöffnet zu werden. Das Wort, das am Anfang war, hat mit dem Ich zu tun, das sich aus der Seele erheben kann und den Zug zum Geistigen im Herzen aufschließen und wieder zum Sprechen bringen kann. Nur aus ihm heraus ist die Begegnung mit einem Du möglich, die den Tod überwinden kann. Möglicherweise artikuliert sich in dem Gedicht mehr als das, wozu sich der Autor in seiner subjektiven Selbstidentifikation bekennen könnte.

## 3. In den reinen Strahlen des Lichtes – eine Wortmeditation

Meditation ist ein Weg, dem Autonomieschritt der emotionalen Intelligenz einen weiteren zur Spiritualisierung des Intellekts hinzuzufügen. Dazu muss der Zug zum Geistigen, der im Gefühlsleben unter der selbstbezogenen Oberfläche schlummert, als geistiges Wort geweckt werden. Das, was von Susanne Langer präsentative Symbolik genannt wird, kann eine Brücke zwischen dem Denken und dem Herzen bilden. Wir werden im nächsten Abschnitt (Punkt vier) anhand von Rudolf Steiners grundlegenden schriftlichen Darstellungen einer Bildmeditation aufzeigen, wie das von ihm bewusst eingesetzt wird. Damit ist ein menschenkundliches Prinzip ins Werk gesetzt, das nicht nur für (Sinn-)Bild- oder Symbolmeditationen gilt, sondern allgemeinere Bedeutung hat. Wir wollen dies zunächst an einer Wortmeditation illustrieren, die ermöglicht, eine interessante Beziehung zu Celans Gedicht «Assisi» zu legen. Sie stammt aus einer esoterischen Stunde:

In den reinen Strahlen des Lichtes
Erglänzt die Gottheit der Welt.

In der reinen Liebe zu allen Wesen
Erstrahlt die Göttlichkeit meiner Seele.

Ich ruhe in der Gottheit der Welt.

Ich werde mich selbst finden
In der Gottheit der Welt.[99]

In seinen hinführenden Worten weist Rudolf Steiner auf die Unzulänglichkeit der bloßen Verstandeskräfte zum Erfassen des spirituellen Gehalts dieser Worte – auch wenn wir die Wort- und Satzbedeutung verstehen. Immerhin sind es keine sinnleeren Laute, deswegen spricht Steiner gelegentlich auch von einem «Gedankenmantram».[100] Aber die Möglichkeit, die als Neigung im Verstandesmenschen vorhanden ist, kritische Anmerkungen zu machen oder zumindest Fragen zu stellen, muss zunächst latent bleiben, die Neigung dazu muss gebremst werden. Dafür wird die innere Tätigkeit vom Ich in eine andere Richtung gelenkt (wir erkennen auch hier die zwei Seiten der Ich-Tätigkeit – siehe Kapitel 2 – wieder). Hören wir ihn selbst:

«Meditationsworte sind Zauberworte, die die Pforten der Seele öffnen, damit das göttliche Leben einziehen kann. Darum soll man auch nicht bloß mit dem Verstande über seine Meditationsworte spekulieren, sondern die Seele für höhere Kräfte, als die bloßen Verstandeskräfte sind, öffnen. Wenn man mit dem Verstande darüber nachspekuliert, so treten nur die Kräfte in Tätigkeit, die schon in einem darinnen sind. Aber höhere Kräfte sollen wach werden. Man soll an seinen Meditationsworten nicht Rätsel lösen wollen, sondern sich von ihnen Rätsel lösen lassen. Denn sie sind viel weiser als der Verstand je sein kann. Darum soll man sie ganz auf sich wirken lassen und aufnehmen, was sie hineinfließen lassen in die Seele, sie ganz leben lassen in der Seele.»

Der Ansatzpunkt ist gewissermaßen die Unbefangenheit, das Sich-Öffnen, Empfänglich-Werden. Insofern hier «höhere Kräfte», die «weiser» sind als der Verstand, die «göttliches Leben» sind, zur Entfaltung kommen sollen, ist Ehrfurcht und eine gewisse devotionelle Hingabe die Seelengesinnung, die mit der Unbefangenheit Hand in Hand gehen soll. Diese Stimmung kann sich allerdings aus dem Spruch selbst ergeben, wenn man sich unbefangen auf ihn einlässt. Aber der moderne Mensch muss sich dazu in der Regel aus der intellektualistischen Haltung in eine Verfassung versetzen, die der künstlerischen ähnlich ist. Rudolf Steiner bietet eine Hilfestellung dadurch, dass er auf zwei Elemente präsentativer

Symbolik (die – wie wir sahen – Seelisch-Geistiges zu artikulieren vermag) hinweist: Bilder und Vokale. «Die Meditationsworte sind nicht ausspekuliert, sondern herausgeboren aus den Gesetzen der geistigen Welt. In jedem Vokale lebt etwas ganz Besonderes. Die Vokale haben einen bestimmten Klangwert, und nicht ein jeder hat denselben. Und ebenso wie die Seele die Wirkung der Klänge empfindet, so soll sie sich auch den Bildern hingeben, die ihr die Worte vermitteln. Bei der Meditation sei man so weit als möglich vom abstrakten Vorstellen entfernt, sondern bemühe sich, möglichst konkret zu denken.»

Das bedeutet, dass man sich bei den ersten zwei Zeilen Folgendes vorstellen kann: «mattglänzendes Mondenlicht, das darstellt das sanfte Licht der Gottheit, die die Schöpfung durchflutet». Diese Vorstellung soll man «deutlich und innig» in der Seele «leben» lassen – was selbstverständlich eine gewisse Gedanken- und Gefühlskontrolle voraussetzt – neben der Zügelung des kritischen Verstandes und der Offenheit.

Bei dem nächsten Zeilenpaar versucht man «mit seiner Liebe das sanfte Mondenlicht ganz zu durchdringen, es in sich hineinzugießen, sodass durch die Wärme der eigenen Liebe das milde Licht zu erstrahlen beginnt, und man fühlt in den Strahlenfluten die Gottheit in der eigenen Seele erglühen». – Die Vorstellungstätigkeit vermag Gefühle zu erwecken.

Bei der fünften Zeile «sucht man sich vorzustellen, dass man ganz vom göttlichen Geiste umflossen sei. Man kann sich fühlen wie in einem lauen Bade, ganz eingebettet von göttlicher Substanz, die wie ein mildes, laues Bad den ganzen Menschen umfängt.»

Dann, zum Schluss, bei den letzten beiden Zeilen mag man denken «an einen fernen Leuchtturm, der zu einem herüberstrahlt, und sich mit dem Gefühl durchdringen, dass man sein eigenes Selbst im Göttlichen finden werde».

Denken und Fühlen reichen einander unter der Führung des Ich die Hand. Das kann intensiviert werden durch das Lautelement, im Besonderen durch die Vokale. «Es ist nicht gleichgültig, welche Vokale in der Seele erklingen.» Wir können versuchen, die Vokalreihe für uns zu sprechen und zu empfinden, wie sie wirken, welche Bewegungstendenzen sie in sich haben, welche «Gesten» wir empfinden: A-E-I-O-U, etwa öffnend, verschließend, zentralisierend-strebend, umfangend, umfasst-durchdrungen, sicher mit Abwandlungen, je nach dem Zusammenhang, in dem sie erklingen und aus dem heraus sie mitgeprägt werden. In unserem Spruch hebt Rudolf Steiner zunächst die Lautfolge I-A-I hervor: Hinstreben der Seele zum göttlichen Zentrum – anbetend zurückweichen –, wieder dem Göttlichen entgegeneilen:

> «In den reinen Strahlen des Lichtes»

In der zweiten Zeile: Ä-O: «Die anbetungsvolle Hingabe des A verwandelt sich im Ä zu scheuer Ehrfurcht.» Die Seele wagt kaum, sich dem Gott zu nahen, aber im O möchte sie das Göttliche innig und liebevoll umfassen:

> «Erglänzt die Gottheit der Welt.»

In der dritten Zeile dominiert das I, das die Seele wieder ins göttliche Zentrum führt:

> «In der reinen Liebe zu allen Wesen»

Dann wird sie wieder ganz Anbetung: A (in der vierten Zeile), gefolgt durch das Ö, das abgeschwächte O, das kaum wagt, die Gottheit zu berühren, geschweige denn zu umfassen:

> «Erstrahlt die Göttlichkeit meiner Seele.»

Die fünfte Zeile wird vom U der Ruhe beherrscht, in der die Seele selbst von dem Göttlichen durchdrungen und umfasst wird:

«Ich ruhe in der Gottheit der Welt.»

Das letzte Zeilenpaar kann als ein dreifaches I empfunden werden, weil es die Seele immer tiefer in die göttliche Mitte der Welt hineinführen will:

«Ich werde mich selbst finden
In der Gottheit der Welt.»

Rudolf Steiner betont zum Schluss, dass damit nur ein Gesichtspunkt zur Anwendung gebracht und nur ein kleiner Teil der im Spruch ruhenden Weisheit enthüllt wurde. Jede Einzelheit eines meditativen Spruches enthält einen tiefen Sinn, der nicht nur gedankliche, sondern auch schöpferische Kraftwirkung bedeutet. Meditieren bedeutet hier den Versuch, von den äußeren Worten zu den wortbildenden, sprachschöpferischen Kräften aufzusteigen, zu dem Wort, das im Urbeginne war und aus dem auch der Mensch Fleisch geworden ist. «Aus dem Geiste geboren, im irdischen Leibe lebend, werdet ihr durch die Kraft des Geistes zurückkehren zum göttlichen Geiste der Welt», so beschließt Rudolf Steiner die Darstellung dieser Spruchmeditation.

Ist es ein Frevel, diese Spruchformel mit Celans Gedicht «Assisi» in Beziehung zu bringen? Durch die vorangehende Meditation sensibilisiert, kann schon der Titel «Assisi» so empfunden werden, als ob das sich öffnen wollende A durch ein schneidendes S in die schmerzhafte Enge des eigenen Ich getrieben wird. – Und dürfen wir uns beim Silber der ersten Strophe nicht ebenfalls «matt-glänzendes Mondlicht» vorstellen, aber mit einem harten Glanz, der nicht trösten will? Und Kälte statt Wärme ausstrahlend?

Ist das U nicht das U der verschlossenen Urnen und der Grabesruhe, in der die Toten die Ruhe suchen, aber nicht finden? Und strebt das I, das in einer stummen, dumpfen Seele in dieser kalten Landschaft seine Lebensfrist abtrottet, nicht vergebens zu den Toten – «sie» – hin? Und übergibt nicht die Seele sich am Ende im A («Franz») einer unerlösten Tragik – statt der Zuversicht im I der Sicherheit, sich in der Gottheit der Welt zu finden?

Sicher liegt auch bei Celan der Zug zum Geistigen, die Sehnsucht und das Streben zugrunde, mit den Toten die Ruhe und Geborgenheit im göttlichen Zentrum der Welt zu finden und von der eigenen Seele aus sich liebend mit dem Leben in der Welt zu verbinden.

Nur sind es vergeblich anrollende Wellen, die sich brechen. Der Mensch des 20. Jahrhunderts, nach zwei Weltkriegen und anderen menschlichen Katastrophen, hat ein gebrochenes Verhältnis zur übersinnlichen Welt – nicht zuletzt wegen des Schicksals der Toten, der Schatten, die die Seelenwelt, ohne Ruhe zu finden, bevölkern, und des Schicksals der Ungeborenen, die auf ihrem Weg zur Erde diesen irrenden Toten begegnen. Sie und ihre Unruhe besetzen den seelischen Raum, in den der moderne Mensch seine äußere und innere Hektik mitbringt. Was begegnet ihm, wenn er zu meditieren versucht? Nicht nur sein subjektiver Innenraum, sondern auch ein «objektiver» Seelenraum, der sich wie eine hemmende Mondensphäre um die Erde legt und sich ebenfalls nicht ohne Verwandlung durchdringen lässt. So ist Assisi wie ein Septim-Erlebnis, wenn wir Rudolf Steiners Meditationsspruch wie die Verheißung und im inneren Nachvollziehen als Vollzug eines Oktav-Erlebens empfinden wollen.

Die Meditation erfordert eine innere Identifikation mit dem, was man in der eigenen Seele aktiv denkend, fühlend und wollend herstellt. Wir müssen uns die Frage stellen, ob wir das tun können, ohne unwahrhaftig zu werden, uns fragen, was die Erfahrung in Wirklichkeit hergibt – zunächst, «noch» – und was wir uns im Sinne eines Wunschdenkens einbilden. So wie Meditationsworte nicht zum Daran-Herumrätseln da sind, können wir Celans Poesie – statt sie zu deuteln – auf uns wirken lassen, um uns von ihr belehren zu lassen über die seelisch-geistige Lage des Menschen seit der Mitte des 20. Jahrhunderts. Sie kann uns vorbereiten auf Erlebnisse, die wir machen können, wenn wir zu meditieren versuchen. Sie führen nicht auf geradem Wege ins Licht und in die Wärme, ins göttliche Zentrum. Dafür gibt es zu viel Unerlöstes, das bettelt – nicht nur im persönlichen, sondern auch im kollektiven «Weltinnenraum». Und so kann ich ahnen, dass ich nicht nur für mich meditiere, sondern die Toten und Ungeborenen in die überpersönliche Ich-Qualität aufnehmen kann, wenn ich innerlich fühlend denke: «Ich werde mich selbst finden in der Gottheit der Welt.» Es müssen die Bedingungen geschaffen werden, dass die Toten zu Mitarbeitern unserer Erdenzivilisation werden können.

## 4. Eine Bildmeditation

Spruchmeditationen verleiten dazu, die Aufmerksamkeit auf den semantischen Inhalt zu lenken bzw. erschweren, von ihm loszukommen. Es wundert nicht, dass Rudolf Steiner in seiner grundlegenden Beschreibung in der *Geheimwissenschaft im Umriss* dessen, was er unter Meditation versteht, das Beispiel einer sinnbildlichen Vorstellung, das «Rosenkreuz», wählt. Sie hilft uns, Verwandlung zu vollziehen. Die Vorstellung muss dazu erst bewusst in der Seele aufgebaut werden. Wir zeichnen hier die Schritte nach, die in Rudolf Steiners Schilderung unterschieden werden können.[101]

«Es soll nur ein Beispiel der inneren Versenkung mit einer sinnbildlichen Vorstellung veranschaulicht werden. Zunächst muss eine solche Vorstellung erst in der Seele aufgebaut werden. Das kann in folgender Art geschehen: Man stelle sich eine Pflanze vor, wie sie im Boden wurzelt, wie sie Blatt nach Blatt treibt, wie sie sich zur Blüte entfaltet. Und nun denke man sich neben diese Pflanze einen Menschen hingestellt. Man mache den Gedanken in seiner Seele lebendig, wie der Mensch Eigenschaften und Fähigkeiten hat, welche denen der Pflanze gegenüber vollkommener genannt werden können. Man bedenke, wie er sich seinen Gefühlen und seinem Willen gemäß da und dorthin begeben kann, während die Pflanze an den Boden gefesselt ist. Nun aber sage man sich auch: ja, gewiss ist der Mensch vollkommener als die Pflanze; aber mir treten dafür auch an ihm Eigenschaften entgegen, welche ich an der Pflanze nicht wahrnehme, und durch deren Nichtvorhandensein sie mir in gewisser Hinsicht vollkommener als der Mensch erscheinen kann. Der Mensch ist erfüllt von Begierden und Leidenschaften; diesen folgt er bei seinem Verhalten. Ich kann bei ihm von Verirrungen durch seine Triebe und Leidenschaften sprechen. Bei der Pflanze sehe ich, wie sie den reinen Gesetzen des Wachstums folgt von Blatt zu Blatt, wie sie die Blüte leidenschaftslos dem keuschen Sonnenstrahl öffnet. Ich kann mir sagen: der Mensch hat eine gewisse Vollkommenheit vor der Pflanze voraus; aber er hat diese Vollkommenheit dadurch erkauft, dass er zu den mir rein erscheinenden Kräften der Pflanze in seinem Wesen hat hinzutreten lassen Triebe, Begierden und Leidenschaften. Ich stelle mir nun vor, dass der grüne Farbensaft durch die Pflanze fließt und dass dieser der Ausdruck ist für die reinen leidenschaftslosen Wachstumsgesetze. Und dann stelle ich mir vor, wie das rote Blut durch die Adern des Menschen fließt und wie dieses der Ausdruck ist für die Triebe, Begierden und Leidenschaften. Das alles lasse ich als einen lebhaften Gedanken in meiner Seele erstehen. Dann stelle ich mir weiter vor, wie der Mensch entwickelungsfähig ist; wie er seine Triebe und Leidenschaften durch seine höheren Seelenfähigkeiten läutern und reinigen kann. Ich denke mir, wie dadurch ein Niederes in diesen Trieben und Leidenschaften vernichtet wird und diese auf einer höheren Stufe wiedergeboren werden. Dann wird das Blut vorgestellt werden dürfen als der Ausdruck der gereinigten und geläuterten Triebe und Leidenschaften. Ich blicke nun z. B. im Geiste auf die Rose und sage mir: in dem roten Rosensaft sehe ich die Farbe des grünen Pflanzensaftes umgewandelt in das Rot; und die rote Rose folgt wie das grüne Blatt den reinen, leidenschaftslosen Gesetzen des Wachstums. Das Rot der Rose möge mir nun werden das Sinnbild eines solchen Blutes, das der Ausdruck ist von geläuterten Trieben und Leidenschaften, welche das Niedere abgestreift haben und in ihrer Reinheit gleichen den Kräften, welche in der roten Rose wirken. Ich versuche nun, solche Gedanken nicht nur in meinem Verstande zu verarbeiten, sondern in meiner Empfindung lebendig werden zu lassen. Ich kann eine beseligende Empfindung haben, wenn ich die Reinheit und Leidenschaftslosigkeit der wachsenden Pflanze mir vorstelle; ich kann das Gefühl in mir erzeugen, wie gewisse höhere Vollkommenheiten erkauft werden müssen durch die Erwerbung der Triebe und Begierden. Das kann die Beseligung, die ich vorher empfunden habe, in ein ernstes Gefühl verwandeln; und dann kann ein Gefühl eines befreienden Glückes in mir sich regen, wenn ich mich hingebe dem Gedanken an das rote Blut, das Träger werden kann von innerlich reinen Erlebnissen wie der rote Saft der Rose. Es kommt darauf an, dass man nicht gefühllos sich den Gedanken gegenüberstelle, welche zum Aufbau einer sinnbildlichen Vorstellung dienen. Nachdem man sich in solchen Gedanken und Gefühlen ergangen hat, verwandle man sich dieselben in folgende sinnbildliche Vorstellung. Man stelle sich ein schwarzes Kreuz vor. Dieses sei *Sinnbild* für das vernichtete Niedere der Triebe und Leidenschaften; und da, wo sich die Balken des Kreuzes schneiden, denke man sich sieben rote, strahlende Rosen im Kreuze angeordnet. Diese Rosen seien das *Sinnbild* für ein Blut, das Ausdruck ist für geläuterte, gereinigte Leidenschaften und Triebe:[102] Eine solche sinnbildliche Vorstellung soll es nun sein, die man sich in der Art vor die Seele ruft, wie es oben an einer Erinnerungsvorstellung veranschaulicht ist. Eine solche Vorstellung hat eine seelenweckende Kraft, wenn man sich in innerlicher Versenkung ihr hingibt. Jede andere Vorstellung muss man versuchen während der Versenkung auszuschließen. Lediglich das charakterisierte Sinnbild soll im Geiste vor der Seele schweben, so lebhaft als dies möglich ist. – Es ist nicht bedeutungslos, dass dieses Sinnbild nicht einfach als eine weckende Vorstellung hier angeführt worden ist, sondern dass es erst durch gewisse Vorstellungen über Pflanze und Mensch aufgebaut worden ist. Denn es hängt die Wirkung eines solchen Sinnbildes davon ab, dass man es sich in der geschilderten Art zusammengestellt hat, bevor man es zur inneren Versenkung verwendet. Stellt man es sich vor, ohne einen solchen Aufbau erst in der eigenen Seele durchgemacht zu haben, so bleibt es kalt und viel unwirksamer, als wenn es durch die Vorbereitung seine seelenbeleuchtende Kraft erhalten hat. Während der Versenkung soll man jedoch sich alle die vorbereitenden Gedanken nicht in die Seele rufen, sondern lediglich das Bild lebhaft vor sich im Geiste schweben haben und dabei *jene Empfindung* mitschwingen lassen, die sich als Ergebnis durch die vorbereitenden Gedanken eingestellt hat. So wird das Sinnbild zum Zeichen neben dem Empfindungserlebnis. Und in dem Verweilen der Seele in diesem Erlebnis liegt das Wirksame. Je länger man verweilen kann, ohne dass eine störende andere Vorstellung sich einmischt, desto wirksamer ist der ganze Vorgang. Jedoch ist es gut, wenn man sich außer der Zeit, welche man der eigentlichen Versenkung widmet, öfters durch Gedanken und Gefühle der oben geschilderten Art den Aufbau des Bildes wiederholt, damit die Empfindung nicht verblasse. Je mehr Geduld man zu einer solchen Erneuerung hat, desto bedeutsamer ist das Bild für die Seele.»

Ausgangspunkt ist ein aktiv vollzogener und durchlebter *Gedankengang* – der Vergleich zwischen Mensch und Pflanze: «Man mache den Gedanken in seiner Seele lebendig», dass der

Mensch einerseits vollkommener als eine Pflanze ist, weil er sich frei bewegen kann, während die Pflanze an den Boden gefesselt ist – andererseits jedoch wieder unvollkommener, weil die Pflanze den reinen Gesetzen ihres Wachstums folgt, der Mensch dagegen von Trieben, Begierden und Leidenschaften erfüllt ist, die Verirrungen zur Folge haben. Je nach Gesichtspunkt: vollkommener oder unvollkommener.

Es scheint mir bedeutsam zu sein, dass wir als neuzeitliche Menschen zuerst in unserem Denken angesprochen, zu einem aktiven Mitdenken, das seine Perspektive wechseln kann, aufgefordert werden – bevor wir zu meditieren beginnen. Der Gedanke soll aus dem bloß Verstandesmäßigen erlöst, in der Seele lebendig gemacht werden. Neben der Eigentätigkeit und dem Perspektivenwechsel gehören dazu auch die Mobilisierung des Vorstellungs- und des *Gefühlslebens*. Die Brücke dazu wird durch den inneren Vollzug von Bewegungsgesten und Symbolisierung geschlagen. Beim Gedanken an die Pflanze wird die Vorstellung der Wachstumsbewegung angeregt: wie die Pflanze Wurzel fasst, ihren Stängel dem Licht entgegenstreckt, Blatt nach Blatt treibt und sich in der Blüte entfaltet, ganz ihrem inneren Gesetz gemäß. Wenn dagegen der Gedanke auf den Menschen gelenkt wird, der zwar «frei» ist – nicht angewurzelt –, sich dafür jedoch hierhin und dorthin bewegt, von Begierden und Leidenschaften getrieben, und dabei in die Irre geht, entsteht eher die Vorstellung einer horizontalen Bewegung, die sich ungeordnet in einem bestimmten Umkreis bewegt. Erst später, wenn auf die Läuterungsmöglichkeit des Menschen hingewiesen wird, kommt die Aufrechte in der Vorstellung des Menschen wieder zum Tragen und damit auch Führung und Richtung in seinem Gang. Und dann werden wir dazu eingeladen, uns vorzustellen, wie «der grüne Farbensaft durch die Pflanze fließt» als «Ausdruck (…) für die reinen leidenschaftslosen Wachstumsgesetze» und «wie das rote Blut durch die Adern des Menschen fließt und wie dieses der Ausdruck ist für die Triebe, Begierden und Leidenschaften». Der Gedankengang wird – wie gesagt – ergänzt durch die Selbstverwandlungs- und Entwicklungsfähigkeit des Menschen: Er kann seine Triebe und Leidenschaften «läutern und reinigen», das «Niedere» in ihnen vernichten, sodass sie «auf einer höheren Stufe wiedergeboren werden». Auch für die Verwandlung kann ich mir ein Sinnbild vorstellen: das Rot der roten Rose als Sinnbild eines Blutes, das Ausdruck ist von geläuterten Trieben, in denen das Niedere abgestreift wurde, die rein sind wie die Wachstumskräfte der Rose.

Sowohl im weiteren Verlauf der Darstellung wie in einer Fußnote[102] wird deutlich, dass es Rudolf Steiner hier um die Überwindung der Grenzen einer sinnlich-verstandesmäßigen Naturwissenschaft und um die Wiedervereinigung von Herz und Verstand geht. In der Fußnote plädiert er für die *zusätzliche* Entwicklung von Gedanken zum Aufbau von Sinnbildern, die sich als seelisch wirksam erweisen – ungeachtet der intellektuellen Kritik, die möglich wäre; zusätzlich zu der wissenschaftlichen Darstellung äußerer Fakten. Zur Ausbildung einer spirituellen Intelligenz kann ich Gedanken nicht nur in meinem Verstand – sinnesweltbezogen – verarbeiten, ich muss versuchen, sie «in meiner Empfindung lebendig werden zu lassen». – «Es kommt darauf an, dass man nicht gefühllos sich den Gedanken gegenüberstelle, welche zum Aufbau einer sinnbildlichen Vorstellung dienen.»

Der Aufbau eines komplexen Sinnbildes, dessen *Zusammenstellung* nicht mehr der sinnlichen Welt entnommen ist (wie es noch die Elemente wie grüner Pflanzensaft, Blut und Rosenrot sind), kann als ein vierter Schritt der *Vorbereitung* für die Meditation betrachtet werden:

1. der Vollzug des Gedankengangs (mit Belebung der Vorstellungen)
2. die Symbolisierung der gedanklichen Inhalte
3. die entsprechende Belebung der Empfindungen und Gefühle

4. der Aufbau der komplexen sinnbildlichen Meditationsvorstellung.

Zu dem neuen symbolisierenden Farbelement (schwarz) treten hinzu: Kreuz und Rose als Sinnbilder. Auch die bewegliche Vorstellungskraft wird weiter beansprucht: Das Sich-Schneiden des horizontalen und vertikalen Balkens muss vollzogen werden, die sieben Rosen müssen auf einem Kreis um den Schnittpunkt angeordnet werden. Dann muss man sich die Aussagekraft des ganzen Sinnbildes vergegenwärtigen.

Erst danach kann – als fünfter Schritt – in die eigentliche innere Versenkung (Meditation) eingetreten werden. Während dieser soll man «das Bild lebhaft vor sich im Geiste schweben haben und dabei *jene Empfindung* mitschwingen lassen, die sich als Ergebnis durch die vorbereitenden Gedanken eingestellt hat. So wird das Sinnbild zum Zeichen neben dem Empfindungserlebnis. Und in dem Verweilen der Seele in diesem Erlebnis liegt das Wirksame.»

*In dem Verweilen in diesem Empfindungserlebnis liegt das Wirksame der Meditation.* Erst durch dieses bekommt die sinnbildliche Vorstellung ihre «seelenweckende Kraft». Im Hinblick auf die aktuelle Literatur ist neben der Verwendung präsentativer Symbolik als Brücke zwischen Gedanke und Gefühl noch das *aktive* Verhältnis zum Gefühl bemerkenswert. Nicht die vorhandenen, von Selbstgefühl durchdrungenen Emotionen sind Ausgangspunkt für die Meditation, sondern Gefühlsempfindungen, die erst an Gedanken entwickelt werden und wohl kaum zu unserem alltäglichen Seelenleben gehören: eine «beseligende» Empfindung bei der Vorstellung der Leidenschaftslosigkeit der wachsenden Pflanze, ein «ernstes Gefühl» bei der Vorstellung des Preises, den der Mensch für seine Bewegungsfreiheit bezahlt, dann das «Gefühl eines befreienden Glückes» bei der Vorstellung eines Blutes, das so rein wie eine rote Rose werden kann.

Das dem komplexen Sinnbild des Rosenkreuzes entsprechende Empfindungserlebnis ist somit das Ergebnis eines Dreischritts im

Gefühl, der ohne den existenziellen Gedankenvollzug unmöglich durchlaufen werden kann. Mancher Zeitgenosse wird bemerken, dass dieses Gefühlserlebnis sich zunächst gar nicht einstellen will, dass es der häufigeren bewussten Wiederholung des gedanklichen Vollzugs bedarf, ja, dass ohne die Übung der Kontrolle des emotionalen Ausdrucks und Steigerung der Empfänglichkeit die eigentliche innere Versenkung gar nicht zu erlangen ist. Deswegen können die in Teil 2 beschriebenen Wege der emotional-intelligenten Fähigkeitsbildung im Hinblick auf die Meditation «Nebenübungen» genannt werden. Sie sind auch Vorübungen. Sie sind aber weiterhin als Begleitmaßnahmen der meditativen Tätigkeit unerlässlich, weil sie neben dem, dass sie vor bestimmten Gefahren beim Meditieren schützen, «den positiven Erfolg der Meditations- und Konzentrationsarbeit eigentlich allein sichern».[103]

## 5. Blühen und Verwelken. Sinnesempfindungs- oder Naturmeditationen

Die vorigen Meditationsbeispiele könnten zu dem Missverständnis Anlass geben, dass der Meditierende sich von der Sinneswelt abwendet. Es ist zwar so, dass er sich dem Übersinnlichen zuwendet und sich dazu vor allen störenden oder ablenkenden Sinnesreizen verschließt, er kann sich jedoch auch auf bestimmte Sinnesqualitäten konzentrieren und diese in die Meditation überführen. Dabei wird allerdings der gegenständliche Blick durch die ästhetische Seelenverfassung überwunden, und beim Hereinnehmen der Sinneseindrücke in die Seele spielen Gedanken und Gefühle wieder eine entscheidende Rolle.

Ein Beispiel: Die Aufmerksamkeit kann auf Blühen und Verwelken, Wachsen und Absterben gelenkt werden.[104] Überall in der natürlichen Umgebung spielen sich diese Prozesse ab. Es kommt darauf an, sich in innerer Ruhe auf eine diesbezügliche Wahrnehmung zu konzentrieren, sich dem einen Eindruck und den sich daran anschließenden Empfindungen hinzugeben. Die übliche Wahrnehmungsart ist in der Regel flüchtig, wir eilen von Eindruck zu Eindruck, gelenkt von unseren Interessen, für die in der Regel das bloße Wiedererkennen genügt: «dies» oder «jenes», und weiter … Jetzt dagegen «schaue man so lebhaft, so genau, als es nur irgend möglich ist, die Dinge an.» Durch die ruhige Konzentration bekommt man die Gelegenheit, auf die in einem aufsteigenden Gedanken und Gefühle zu achten. Diese können sich dadurch richtig entfalten und sogar eine neue Form annehmen. Wichtig ist, dass man sich abwechselnd auf *beides* konzentriert, auf ein Wachsendes und ein Welkendes, und sich dann den inneren Gedanken und Gefühlen im inneren Gleichgewicht hingibt.

Diese Empfindungen müssen gepflegt werden. Bei geduldiger Wiederholung – ebenfalls eine wesentliche Bedingung des Meditierens – kommt der Augenblick, an dem sich eine ganz bestimmte Gefühlsform an das Wachsen und Blühen und eine ganz andere, ebenso bestimmte, an das Welken und Absterben knüpft. Die inneren Empfindungen nehmen Form an, werden zu Linien und Figuren, die innerlich angeschaut werden können. Jene Gefühlsform kann annähernd mit der Empfindung bei einem Sonnenaufgang, diese mit dem Erlebnis des aufsteigenden Mondes verglichen werden. Diese beiden Gefühle sind zwei Kräfte, die bei gehöriger Pflege zu den bedeutsamsten geistigen Wirkungen führen. Wer sich immer wieder und wieder planmäßig, mit Vorsatz, solchen Gefühlen überlässt, dem eröffnet sich eine neue Welt, weil sich aus ihnen «Hellseherorgane» bilden – wie unstoffliche Augen und Ohren.

Meditieren ist somit kein bloßes «Schwelgen in Gefühlen». An dieser Stelle kann eine Unterscheidung von «Empfindung» und «Gefühl» hilfreich sein. «Empfindung» können wir jetzt die innere Seite eines Sinneserlebnisses nennen – wobei wir unterscheiden können zwischen der Wahrnehmung als die Außenseite dessen, was uns in der Welt erscheint, solange wir unsere Aufmerksamkeit auf es gerichtet halten, und der Empfindung als dem, was durch die Berührung mit dem Sinneseindruck (z. B. einer Farbwahrnehmung) innerlich als Erlebniseindruck entsteht. Das Gefühl ist dann noch innerlicher, mehr Ausdruck der Seele selbst bzw. ihres Bezugs zum Sinneserlebnis (mitgeprägt von früheren Erfahrungen und Begehrungen, z. B. wenn ich eine bestimmte Farbe weniger gerne mag).[105] Das Gefühl schwankt gewissermaßen zwischen dem seelischen Eindruck eines wahrnehmlich Gegebenen und dem Ausdruck einer erlebenden Seele, zwischen einem mehr Objektiv-Äußeren und einem mehr Innerlich-Subjektiven. Durch das Erüben der Gefühlskontrolle steigert sich die Empfindlichkeit der Seele, das bewusste Ich kann seine Aufmerksamkeit auch zum aktiven Fühlen nach außen lenken und immer mehr der Empfindung annähern. Dann wird das Fühlen ein tätiges Organ für übersinnliche, seelisch-geistige Wahrnehmung. In der Form der Ich-Tätigkeit fließt das Denken mit hinein, nicht begriffsproduzierend, sondern fein differenzierend und Zusammenhang schaffend, ein inneres Eigengesetzliches des Gefühlten zum Beispiel in Bildformen (Linien und Figuren, aufsteigender Mond, Sonnenaufgang), präsentativ symbolisierend – in Steiners Terminologie «imaginativ» – zum Ausdruck bringend.

Es führt nicht weiter, wenn man verstandesmäßig nachdenkt über die Bedeutung dieser Formen. Wir müssen sie zu uns sprechen lassen. Ein «künstlerisches Empfinden, gepaart mit einer stillen, in sich versenkten Natur, (ist) die beste Vorbedingung für die Entwicklung der geistigen Fähigkeiten»,[106] auch wenn ein angeborener künstlerischer Sinn die bewusste Pflege des Gefühlslebens nicht ersetzen kann. Ähnliches gilt auch für andere Sinnesmodalitäten wie insbesondere das Hören. Hier können wir am leichtesten bei den Tieren ansetzen: ihr Schreien, Blöken, Brüllen, Röhren, Pfeifen, Piepsen, Krächzen, Trällern usw. Das alles übt eine Wirkung auf mich aus, die mehr oder weniger angenehm oder unangenehm sein kann. Ich kann jedoch meine Aufmerksamkeit nach außen, in die Innerlichkeit des Tieres lenken und mein Gefühl durch die Empfindung mit seinem Schmerz- oder Lusterleben oder was sonst in ihm vorgehen mag, verbinden. Der Ton bringt es zum Ausdruck, aber ich höre dann nicht mehr bloß mit meinen Ohren, sondern mit der Seele. Später kann ich auch versuchen, mich ebenso in Töne, die leblose Körper von sich geben, hineinzuhören (Musikinstrumente, Glocken, Gläser, Steine, Hölzer usw.). Das Schwierigste ist wohl, anderen Menschen beim Sprechen zuzuhören. Kann ich mein eigenes Inneres ganz zum Schweigen bringen, um für das Innere des anderen, der sich mitteilt, empfänglich zu werden?

## 6. Das Paradoxon der Gefühlsmeditation

Als «besonders wirksam» nennt Rudolf Steiner die Versenkung in Gefühle, Empfindungen usw.[107] Verwunderlich ist das nicht, weil er zuvor das Verweilen in dem Empfindungserlebnis als das eigentlich Wirksame der Meditation bezeichnet hat. Was er danach jedoch als Beispiel für Versenkung «bloß in Gefühle» gibt, erweist sich für unser Gegenwartsmotiv der Verbindung von Kopf und Herz als besonders interessant. Er setzt beim «normalen Leben» an: wie dort ein Gefühl, z. B. Freude, aufgrund einer äußeren Anregung entsteht, etwa wenn ich jemand eine Handlung aus Herzensgüte vollziehen sehe.

Dann regt Rudolf Steiner einen Gedankengang in der betrachtenden Seele an, die sich ganz freimacht von der Vorstellung des einzelnen Falles in der Außenwelt; die äußere Anregung wird zum Anlass, die allgemeine Idee der Herzensgüte zu bilden:

Was ist eine Handlung, die aus Herzensgüte vollbracht wird? «Eine solche, bei welcher der Vollbringer nicht seinem eigenen Interesse folgt, sondern dem Interesse seiner Mitmenschen.» Kann ich nun Freude an dieser umfassenden, allgemeinen Idee als solcher empfinden – und nicht bloß an diesem oder jenem Ereignis der äußeren Welt, das sie nur exemplifiziert, sich gewissermaßen zu einer Art Sinnbild der Idee verwandelt?

Das Gefühl, das an einer Idee entwickelt wird und über längere Zeit und wiederholt in der Seele lebendig gehalten werden kann, ist besonders wirksam in Bezug auf das Wecken von inneren Seelenfähigkeiten. Wiederum ist nicht die Idee das Wirksame, aber gerade an diesem Beispiel wird besonders deutlich, wie nicht das «im normalen Lebensverlaufe» auftretende oder vorhandene Gefühl gemeint ist, sondern das Gefühl, das mit einem tätigen, sich über die Gegenständlichkeit der Sinneswelt erhebenden bzw. durch sie hindurchdringenden Denken verbunden ist. Weder das verstandesmäßige Denken allein noch das bloße Schwelgen in Gefühlen oder in unklaren, unbestimmten Empfindungen reichen für die Ausbildung übersinnlicher Erkenntnisfähigkeiten aus. Wie das am Denken selbst erübt und dieses dadurch in eine «Denkmeditation» übergeleitet werden kann, wird von Zimmermann und Schmidt an einem Textbeispiel ausgearbeitet. Sie zeigen damit zugleich, wie der Übergang vom geisteswissenschaftlichen Studium in die Meditation stattfinden kann.[108]

Das Beispiel der Herzensgüte zeigt aber auch, dass Meditation gezielt zur Entwicklung bestimmter seelisch-geistiger Qualitäten wie Güte, Weisheit, Mut, Kraft, Geduld, Vertrauen usw. eingesetzt werden kann. Wichtig ist dann allerdings, nicht von im gewöhnlichen Seelenleben vorhandenen Assoziationen und vagen Vorstellungen und Gefühlen auszugehen, sondern sich die Mühe zu geben, die Idee so klar wie möglich zu erfassen, um an ihr das entsprechende Gefühl zu entfachen. Dieses Letztere fällt uns als Zeitgenossen schwer. Entweder bleiben unsere Vorstellungen vage und wir finden nur vereinzelte Beispiele, aber können nicht denkend die umfassende Idee erzeugen, oder wenn wir mit einem tüchtigen Intellekt eine Definition konstruieren, bleiben wir ihr gegenüber kühl (wenn sich ein Gefühl einstellt, ist es häufig Stolz über die eigene Leistung, ein Selbstgefühl).

Hier kann der Rückgriff auf Spruchmeditationen hilfreich sein. Rudolf Steiner hat mehrere Sprüche gegeben, die bestimmte geistig-seelische Qualitäten thematisieren, aber so, dass sie meditativ bewegt zum erlebenden Erfassen ihrer Idee und zur allmählichen Verwirklichung der entsprechenden Tugend – als seelisch-geistige Disposition – führen können. Ein Beispiel betrifft die Ruhe, eine Eigenschaft, die bei der Gefühlskontrolle eine wesentliche Rolle spielt. Durch die Spruchmeditation kann sie als positive Qualität – wie im dritten Kapitel gemeint – meditativ erzeugt und vertieft werden:

Ich trage Ruhe in mir,
Ich trage in mir selbst
Die Kräfte, die mich stärken.
Ich will mich erfüllen
Mit dieser Kräfte Wärme,
Ich will mich durchdringen
Mit meines Willens Macht.
Und fühlen will ich,
Wie Ruhe sich ergießt
Durch all mein Sein,
Wenn ich mich stärke,
Die Ruhe als Kraft
In mir zu finden
Durch meines Strebens Macht.[109]

Es ist wichtig, dies nicht bequem als Selbstsuggestion aufzufassen, sondern den realen Bezug zur Ruhe, zu den stärkenden Kräften in sich herzustellen, mindestens in der Form der Erinnerung zunächst, zum Beispiel an Erfahrungen, die ich beim Üben der Gefühlskontrolle gemacht habe. Ausgehend von der Erinnerung an eine innere Situation, die mich zum Aussprechen der ersten drei Zeilen berechtigt, kann ich mich wahrhaftig zu ihrer allgemeinen Wahrheit, wie sie hier ausgesprochen wird, bekennen – und mich dann ganz mit meiner Willensintention verbinden, diese Wahrheit in mir aktualisieren, verwirklichen zu wollen (Zeile 4–7). Konsequenterweise ist im letzten Teil des Spruches (Zeile 8 bis Ende) das Gefühl der Ruhe an die Bedingung meiner Selbststärkung, meiner übenden («strebenden») Ich-Tätigkeit geknüpft. Ich könnte jetzt wieder vorne anfangen. Der Spruch hat eine zyklische Struktur. Wie eine steigende Spirale bildet sich die Kraft der Ruhe in mir aus, wenn ich mich wiederholt durch den Spruch anleiten lasse. Ich «stelle fest», dass die Ruhe im Prinzip in mir ist, ich schaffe als bewusster, denkender Mensch die Grundfesten eines Bauwerks. Das geht nicht, wenn nicht von vornherein ein Boden vorhanden ist. Dann geht die Arbeit los: Willenseinsatz ist gefordert, der Bau wird errichtet (Zeile 4–7). Damit er sich allerdings mit Seele erfüllt, müssen wiederholte Lebensprozesse in ihm stattfinden, muss er bewohnt werden. Auch das muss gewollt werden, aber der Wille wird hier viel mehr empfangend: «Und fühlen will ich, wie Ruhe sich ergießt …» Ich kann Ruhe nicht erzwingen. Wo ich mich im ersten Teil darüber belehren kann, dass wahrhaftige Ruhe durch positive Ich-Tätigkeit und nicht durch Aufgeben jeder Aktivität und Nichtstun zustande kommen kann, zeigt mir der zweite Teil, dass die andere Falle die Verkrampfung ist, die sich für das nicht öffnen kann, was sich (unter bestimmten aktiv herzustellenden Bedingungen) in sie ergießen will. Er zeigt den notwendigen Ausgleich zwischen Aktivität und Empfänglichkeit auf, wenn die Ruhe nicht nur gedacht und gewollt werden, sondern auch den fühlenden Menschen erreichen soll.

## 7. Imagination als Verbindung von Haupt und Herz

Für Rudolf Steiner ist Meditation der Weg, «Erkenntnisse der höheren Welten» zu erlangen. Die höheren Erkenntnisformen bezeichnet er als Imagination, Inspiration und Intuition. Die Meditation, wie sie bis hierher beschrieben wurde, führt zunächst zur Imagination. Einen Eindruck, wie es danach weitergehen kann, vermittelt Rudolf Steiner im Schulungskapitel der *Geheimwissenschaft im Umriss* an den Stellen, wo er die Rosenkreuzmeditation wieder aufgreift.[110] Das Prinzip ist einfach, nur in der Durchführung schwierig.

Um die Erkenntnisfähigkeit durch Inspiration auszubilden, muss ich den *Bildinhalt* meiner Meditation tilgen und meine ganze Aufmerksamkeit auf die innere *Tätigkeit* lenken, die ich für den Aufbau dieses Inhalts aufgebracht habe. Ich muss zu *fühlen* versuchen, was ich in der Seele getan habe, um das Bild mitsamt dem Empfindungserleben zustande zu bringen.

Zur Ausbildung der Intuition als übersinnliche Erkenntnisfähigkeit muss ich noch einen Schritt weitergehen: Auch meine eigene Seelentätigkeit – in die ich mich für die Erwerbung der Inspiration versenkt habe – lasse ich aus meinem Bewusstsein verschwinden. Wenn mir das gelingt, habe ich buchstäblich nichts Bekanntes mehr in meinem Bewusstsein; es ist *leer*. Meine ganze Tätigkeit geht in dem Freihalten des inneren Raumes auf, inhaltsleer ist sie *reiner Wille*, der keinen Augenblick erschlaffen darf. Was dann eventuell das Bewusstsein erfüllt, ist «etwas wirklich Neues» – die geistige Welt «in einer Form, die nichts mehr gemein hat mit den Eigenschaften der physisch-sinnlichen Welt».

Die tatsächliche Erfahrung mag zunächst eine andere sein: Ich schlafe ein oder befinde mich wieder in meinem vertrauten Seelenraum, ausstaffiert von meinen unruhigen Gedanken, Erinnerungen, Meditationsbestrebungen usw., und möglicherweise gar von

Fremdseelischem – ein Zeichen, dass ich auf den vorigen Stufen weiter üben und Kraft sammeln muss. Ich brauche schon Zeit, um auf der zweiten Stufe von meiner Tätigkeit noch etwas Fassbares in meine Aufmerksamkeit zu bekommen, vom Inhalts- zum Tätigkeitsbewusstsein aufzusteigen. Dazu muss ich immer wieder bewusst den Meditationsinhalt aufbauen. Meine Tätigkeit kann ich in der Bemühung erleben. Kann ich sie aus diesem Untergrunderleben ins Licht des Bewusstseins heben? Die verschiedenen Wege, die wir in diesem Buch gegangen sind, helfen uns dabei.

Bleiben wir zunächst bei der Imagination. Die Sinnbildmeditation wird nicht zufällig als Beispiel für ihre Ausbildung genommen, genauso wenig wie die Bezeichnung «Imagination» willkürlich gewählt ist. Sie erkennt Übersinnliches im Medium einer sinnbildlichen Ausdrucksform, die Vorstellungsgesten und Empfindungen umfasst, nicht direkt als geistige Wirklichkeit oder Wesenheit selbst. Auf den Inhalt der imaginativen Vorstellungen selbst kommt es im Grunde weniger an. Entscheidend auf dieser Stufe ist vielmehr die Ausbildung der Kraft, die Seele aus dem sinnlich-gegenständlichen Erkennen befreien zu können und das Bewusstsein aufrechterhalten zu können, wenn diese Stütze wegfällt.

An diesem Punkt gibt es gefährliche Abwege. Den Menschen vor ihnen zu schützen ist Sinn und Ziel der sogenannten Nebenübungen, die wir als Mittel zur Ausbildung der Teilfähigkeiten der emotional-intelligenten Selbstführung kennengelernt haben.[111] Zum einen weist Rudolf Steiner auf die Gefahr der leiblichen Erschöpfung und Erkrankung durch einseitige Meditation: Die Kräfte, die während des Schlafes für die körperliche Regeneration gebraucht werden, fließen in der Folge energischer Meditation in die Bildung seelisch-geistiger Organe; sie stehen somit der gesundheitlichen Erholung in entsprechend geringerem Ausmaß zur Verfügung. Die Wirkung der Nebenübungen kompensiert diesen Ausfall.

Zum anderen führt die relative Befreiung des seelisch-geistigen Menschenwesens aus den normalen Lebensvorgängen dieses zunächst in einen elementaren Zwischenbereich, in dem es chaotisierenden Einflüssen ausgesetzt ist, in denen es sich ohne entsprechende Vorbereitung und innere Kräftigung nicht halten kann. Die Folge dessen kann ein seelisch-moralischer Verfall sein. Dieser äußert sich zum Beispiel in der Zunahme von Eigenschaften wie Selbstsucht, Lügenhaftigkeit usw., die vorher mehr abgedämpft und kaum wahrnehmbar vorhanden waren. Auch seelische Einseitigkeiten, Vorlieben und Gewohnheiten können sich weiter steigern, wenn die Eigenschaften, die durch die Nebenübungen ausgebildet werden, der Seele nicht die nötige Struktur verleihen, die auch beim Lockern der Leibgebundenheit Bestand hat.

Damit ist gewissermaßen ein Kreis geschlossen: Um die geistige Potenz – die in unserer Fähigkeit zu fühlen schlummert – zur gesunden Entfaltung bringen zu können, brauchen wir die Kraft, vernünftig mit Gefühlserlebnissen umzugehen. Spirituelle Intelligenz baut auf emotionaler Intelligenz auf. Und wer dabei seinen inneren Beobachter, Versuchsleiter, Dirigent und Künstler entdeckt und erweckt hat, wird selbst die Fragen beantworten können und wollen, was, wann und wie, wie häufig und wie lange er oder sie meditieren kann und will.

# Rückblick

Wir sind einen Weg gegangen. Dieser bestand aus verschiedenen Teilstrecken, die je für sich als Weg abgeschritten werden können: die Ausbildung einer größeren emotionalen Intelligenz im Sinne Daniel Golemans, die Aneignung der sechs Eigenschaften, wie Rudolf Steiner sie schildert – sie können ebenfalls der Einrichtung unseres Lebens dienen –, die Verwandlung des Gefühlslebens bis zur Empfänglichkeitssteigerung für künstlerische, soziale und seelisch-geistige Qualitäten, schließlich der meditative Weg zur Entwicklung geistiger Erkenntnisfähigkeit. Jeder dieser Wege hat mit dem Herzen zu tun. Aber es zeigt sich, dass es dabei auch Abwege gibt: Wenn sich der Verstand als der Garant der erfolgreichen leiblich-seelischen Bedürfnisbefriedigung das Herz unterwirft und es ausnutzt, verhärtet dieses. Mehr oder weniger subtile Formen des Sozialdarwinismus sind die Folge. Wenn das Herz dagegen das Denken verschmäht, verweichlicht es, wird sentimental und führt am Ende gar in die seelische Verwirrung. Beide Ab- oder Irrwege schließen sich nicht aus: Sie können bei denselben Menschen zu unterschiedlichen Zeiten und von unterschiedlichen sozialen Gruppierungen zur gleichen Zeit gegangen werden.

Der Weg, den diese Schrift zusammenhänglich zu beschreiben versuchte, nahm seinen Ausgangspunkt in der Seelenlage der Gegenwart, die massive Anzeichen dieser Irrwege aufweist. Daniel Goleman spricht von einer emotionalen Krise der Menschheit, die weltweit um sich greift. Wir sehen in dem Konzept der emotionalen Intelligenz tatsächlich einen brauchbaren Ansatz, diese Krise zum Guten zu wenden. Allerdings muss dazu auch das Denken geändert werden, vor allem das Denken über den Menschen. Ist dieser bloß ein materielles Wesen, das bewusstseinsmäßig das

Ergebnis der hirnneurologischen Vorgänge und leiblich das Produkt der biologischen Evolutionsmechanismen ist? Dessen Endziel das Überleben der eigenen Gene ist? Für das ein höherer EQ nur ein zusätzliches Mittel ist, dieses Ziel zu erreichen?

Nicht nur droht hier wieder die genannte Verhärtung des Herzens. Dieses Denken ist in sich widersprüchlich. Es traut den Menschen etwas zu, das laut Theorie von evolutionsbiologischen Mechanismen geleistet werden müsste – oder auch nicht. Entweder man nimmt das menschliche Ich-Bewusstsein als Agens ernst, oder man redet nicht länger von einer bewusst steigerbaren emotionalen Intelligenz. Eine dritte Möglichkeit wäre die, dass eine Gruppe von Menschen eine andere in ihrem Sinne «erzieht» und beeinflusst, in der Hoffnung, die gedankliche Inkonsequenz bemerkt keiner. Auch wenn jene Führergruppe ihre Ziele (z. B. wirtschaftliche) für gut und gerechtfertigt hält, stünden ihre Mittel im Widerspruch mit der Entwicklung der freien Individualität. Wer entscheidet über die Ziele? Ein Ziel steht rhetorisch hoch im Kurs: die Verbesserung der Weltverhältnisse. Die Welt kann bestimmt besser – viel besser – werden, aber ein ewiges Leben in einem Paradies auf Erden wird es für keinen von uns geben, auch in Zukunft nicht. Geburt und Tod sind Tore in eine übersinnliche Wirklichkeit. Diese kann nicht folgenlos vernachlässigt, geleugnet oder auch nur tradiert werden. Wenn sie als bloßer Glaube zu Taten anstiftet, droht sie in Fundamentalismus und Fanatismus auszuarten. Nur ein freies, innerlich aktives, erkenntnissuchendes Verhältnis zu einer in Mensch und materieller Natur wirksamen geistigen Welt vermag die Wirklichkeitskrise zum Positiven zu wenden.

Die emotionale Intelligenz lehrt das erfolgreiche Management der (eigenen und fremden) Emotionen, wie wir sie in der technisierten materiellen Welt erleben. Damit emanzipiere ich mich teilweise von meinen psychischen Verstrickungen, laufe aber Gefahr, auf halbem Wege stehen zu bleiben und das Seelenleben verstandesmäßig zu manipulieren. Aber der Weg kann konsequent weitergegangen werden. Die selbstbezogenen Emotionen können zu Wahrnehmungsorganen der sinnlich-sittlichen und übersinnlichen Welt geläutert werden. Weil im Herzen unter der Oberfläche noch der Zug zum Geistigen lebt, kann es durch Ich-Tätigkeit aus seinem Schlummer zur geistigen Anschauung geweckt werden.

Eine empirische Psychologie hat keine normative, sondern eine beschränkte deskriptive Bedeutung. Sie beschreibt nur, was mir entwicklungsmäßig als seelisches Instrument zur Verfügung steht bzw. als Widerstand vorliegt. In diesem Sinne kann man Golemans Tipps zur Beeinflussung von Emotionen wie Wut und Ärger usw. auffassen.

Aus diesen möglichen Maßnahmen der Ich-Tätigkeit haben wir die sechs Eigenschaften herausgearbeitet, die Rudolf Steiner im Rahmen eines geistigen Erkenntnisweges geschildert hat, die aber auch in der alltäglichen Lebenspraxis gebraucht werden. Sie können somit als Teilfähigkeiten einer emotional-intelligenten Selbstführung bezeichnet werden. Es obliegt mir als mich selbst führendem Ich, auch die Ausbildung dieser Fähigkeiten selbst nicht nach Vorschrift, sondern in Eigenregie zu übernehmen und durchzuführen. Dazu gehört Einsicht in die möglichen Übungswege, ihre Voraussetzungen und Auswirkungen, eine differenzierte «Selbstdiagnose», Selbstkontrolle und -korrektur. Die eigene Seele wird zur experimentellen Werkstatt, in der freudig und engagiert an der eigenen Weiterentwicklung gearbeitet wird. Gestaltet werden Denken, Wollen und Fühlen und die Zubereitung der Seelenkräfte für Weltbegegnung (Positivität gegenüber dem, was wir im Umraum vorfinden, Unbefangenheit gegenüber dem, was uns im Zeitstrom aus der Zukunft entgegenkommt). Eine individuelle Ausbalancierung dieser Eigenschaften, die situativ abgewandelt werden kann, ist das Ziel dieser Arbeit.

Das Herzstück dieser Eigenschaften ist die Verwandlung des Fühlens. Wenn man die sechste Eigenschaft als die harmonische

Zusammenfassung der fünf vorangehenden betrachtet, bildet die Gefühlskontrolle ihre Mitte. Sie ist die Schwelle der Weltbegegnung in Positivität und Unbefangenheit. Und sie ist selbst erst vom Denken und Wollen aus zugänglich. Es ist somit nicht weiter verwunderlich, dass sich bei genauerem Hinschauen fünf Aspekte unterscheiden lassen, die die fünf Teilfähigkeiten der Selbstführung innerhalb der Gefühlskultur selbst widerspiegeln: Achtsamkeit, Beherrschung des Ausdrucks, Mittebildung, Herstellen eines ruhevollen Innenraums, der dann «auf Empfang eingestellt» werden kann. Auf diese Weise wird das Herz zu einem Wahrnehmungsorgan für seelisch-geistiges Leben statt zum bloßen Symptombereich persönlich-subjektiven Erlebens.

An dieser Stelle haben wir nochmals die Gegenwart bemüht, jetzt in Form der Philosophie und vor dem Hintergrund der Geschichte der Moderne. Der Begriff der präsentativen Symbolik wurde eingesetzt, um auf Dimensionen der menschlichen Erkenntnis- und Sinnstiftungsfähigkeiten hinzuweisen, die über das bloß Diskursiv-Verstandesmäßige hinausgehen. Denn wenn mögliche Erkenntnis von vornherein auf kontrollierte Sinnesbeobachtung, Messung und verstandesmäßige Verarbeitung reduziert wird, bleibt kein Raum für spirituelle Intelligenz und ihre Ausbildung. Es lässt sich jedoch einsehen, dass in der Kunst und im künstlerischen Empfinden unersetzliche Möglichkeiten des Welt- und Menschenverständnisses – gerade im seelisch-geistigen Sinne – schlummern. Kunstwerke sind Paradebeispiele präsentativer Symbolik. Diese vermag die Brücke zu schlagen zwischen dem Haupt und dem Herzen. Es wurde exemplarisch – anhand eines Gedichts von Paul Celan – gezeigt, wie durch die Pflege der künstlerischen Empfindung im beruhigten Herzensraum eine der bestmöglichen Vorbereitungen für die meditative Tätigkeit stattfinden kann. Denn auch in Rudolf Steiners Schilderung der Meditation findet die präsentative Symbolik Verwendung. Das Sinnbild des Rosenkreuzes zum Beispiel erlaubt dem Herzen, an einer bedeutungsgeladenen Gedankenproduktion erlebend teilzunehmen. Die bewusst von mir betätigte und geführte Verbindung von Denken und Fühlen ließ sich auch an anderen Meditationsformen aufzeigen.

Meditation ist der Königsweg zur Ausbildung einer spirituellen Intelligenz, zur bewussten Teilhabe an der übersinnlichen Welt, an der Ursprungswelt des Ich.

# Ausblick.
# Auf zu Kilometerstein Null: Ich-Meditation

Auf unserem Weg haben wir uns dazu entschlossen, Golemans Rede eines beobachtenden Ich, einer «Meta-Instanz» in der Seele, Quelle der Achtsamkeit, konsequent aufzugreifen. Wer sie einmal entdeckt hat, dem eröffnet sich die Möglichkeit einer selbstdistanzierenden Rückschau und Bearbeitung des eigenen Seelenlebens oder Selbstbefähigung. Ich verstehe das Ich als Zipfel des Geistigen im Menschen, der weiter «hervorgeholt» werden kann. So wie der physische Leib der physischen Welt angehört, gehört das Ich seiner eigenen Welt an. In dieser geistigen Welt lebt es seinem Wesen nach, aus dieser entspringt seine Produktivität und Entwicklungskraft, die kulturerneuernden Impulse. Vom geistigen Wachstum des Ich hängt somit die Gesundung der sozialen Verhältnisse ab. Darum: Wie der Pilger, der in Santiago de Compostela angekommen ist, vor der Frage steht, ob er noch nach Cabo Fisterra (Kilometerstein Null) weiterwandern will, wo die Wogen des Atlantischen Ozeans an die Klippen heranbranden und manch Reisender die Asche eines Verstorbenen verstreut, so führt der hier beschriebene Weg zu dem Punkt, wo dem Meditierenden die Möglichkeit der Ich-Meditation offensteht. Die Mittelpunktbildung, die im Laufe der Verwandlung des Gefühlslebens stattfindet (Kapitel 3, 5 bis 7), führt bruchlos zu einem neuen, geistigen Ich-Erleben, das selbst wiederum meditativ verstärkt werden kann.

Dazu muss von jedem Bewusstseinsinhalt, auf den meine Aufmerksamkeit sich in den geschilderten Meditationsformen noch richtet, abgesehen werden; egal ob bild- oder worthaft. Alles Vorstellbare versuche ich zu löschen. Auch auf bestimmte Ideen oder

Gefühle wird verzichtet. Außer meiner eigenen inneren Tätigkeit bleibt nichts Bekanntes in meinem Bewusstsein übrig. Nur noch an ihr finde ich zunächst einen Halt: an dem Ich-Erleben, das ich als reine Tätigkeit immer deutlicher zu spüren gelernt habe. Das erfordert mehr Krafteinsatz, als es die inhaltsbezogenen Meditationen tun. Aber diese Kraft wird auf den bisher beschriebenen Wegen allmählich ausgebildet. Durch alle inneren Übungen hindurch betätige ich die zwei Seiten der Ichkraft (vgl. «Der Doppelaspekt der Ich-Tätigkeit», Kap. 2, 7). Die Kraft, meine Aufmerksamkeit autonom zu lenken, wächst im Laufe der Zeit, bis es nur noch eines inneren Entschlusses bedarf, sozusagen einen «Ruck» braucht, um mich auf dieses Tätigkeitserleben als solches zu konzentrieren. Dadurch habe ich die Kraft, wach zu bleiben, ohne an etwas bestimmtes Vorstellbares zu denken. Meine Aufmerksamkeit hat sich gewissermaßen «nach hinten und oben» verlagert. Vorstellungsmäßig ist es nicht möglich, mich sozusagen «umzudrehen». Aber ich kann in diesen Raum hineinhören, «lauschen», ob dort etwas zu vernehmen ist. Und dann zunehmend versuchen, auch von meinem Ich-Erleben abzusehen und mich ganz «auf Empfang» einzustellen. Nur durch mehrstufige Vorbereitung ist dieses leere Bewusstsein zu erringen. Der Ausdruck «leer» bezieht sich jedoch nur auf das Verschwundene: In Wirklichkeit ist dieser Bewusstseinsraum äußerst «geladen». Man könnte ihn auch als Kraftraum bezeichnen oder als Raum der Möglichkeiten, die im menschlichen Bewusstsein noch keine Form angenommen haben, noch überbewusst sind. Je länger man in diesem «Raum» verweilt, umso wirksamer ist die Meditation. Gesteigerte Empfänglichkeit wird geübt.

Oft scheint in diesem Zustand nichts weiter zu geschehen. Erst in der Berührung mit der Welt des Geformten, der vorhandenen Lebenswirklichkeit kristallisiert sich das Empfangene heraus: mir fällt nach abgeschlossener Meditation im Alltag etwas ein, ich bekomme eine Idee, ich finde plötzlich einen Ansatz, um eine

Problemsituation anzupacken. Allmählich entsteht überhaupt ein anderes Verhältnis zum Alltagsleben. Ich gewinne mehr Abstand zum eigenen «Ego», handle selbstloser, ohne mich dabei zu verlieren. Das Verständnis für Fremdes nimmt zu. Zugleich wächst die Kraft, zu dem zu stehen, was ich als richtig und gut erkannt habe. Ich werde mutiger, wenn mir etwas wichtig erscheint. Ich lebe in größeren Zusammenhängen.

Die Ich-Meditation wirkt nicht nur nachträglich. Wenn ich versuche, mein Wieder-Eintauchen in den Fluss des Alltags abzubremsen und zuerst nur die Vorstellung meiner Lebenssituation innerlich wieder zum Leben zu erwecken, wird sich in meinem Bewusstsein bereits etwas auskristallisieren. Ich kann dann den Spielraum der Fantasie dazu benutzen, mehrere mögliche Zukunftsszenarien durchzuspielen, ohne mich gleich auf eine bestimmte Form festzulegen. Mein Gefühl wird mir mitteilen, was die jeweiligen Vorzüge dieser Alternativen sind, wie sie sich zu künftigen Entwicklungsmöglichkeiten verhalten.

Systematisch formuliert: Durch die Ich-Meditation findet nicht nur eine Verwandlung des Gefühlslebens (vom Selbst- zum Weltgefühl), sondern auch des Denkens und des Wollens statt. Sämtliche Seelenkräfte nehmen den geistigen Charakter des Ich an.

So wird auch deutlich, dass das hier gemeinte Ich-Erleben, das scheinbar vom Alltagsleben weg zunächst in die tiefste Einsamkeit und Verlassenheit führt, in Wirklichkeit ein Teilnehmen an einer Sphäre bedeutet, die unsere äußere menschliche Welt zusammenhält und der die befruchtenden Entwicklungsimpulse entspringen. Hier liegt der Sinn der sogenannten Selbstführung: nicht darin, dass wir unsere Nützlichkeitsüberlegungen im Sinne der eigenen Bedürfnisbefriedigung und der Zweckrationalität effizienter umsetzen, sondern uns selbst auf das größere Ganze hin «transzendieren» können. Auf die Selbsttranszendenz und die ihr vorangehende Selbstdistanzierung konnte ich an anderer Stelle ausführlicher eingehen.[112]

Was heißt denn «Selbstführung»? Wer führt mich, wenn ich mich selbst führe? Diese zunächst verwirrende Frage wird durch die Herzwege, die in der Ich-Meditation münden, klar beantwortet. Ich bin es selbst, in meinem das Ego übersteigenden Wesen. Es webt zwischen Haupt und Herz. Schon die «sechs Eigenschaften» werden von Rudolf Steiner im Zusammenhang mit dem menschlichen Herzen beschrieben.[113] Das Herz ist nicht nur ein Körperorgan, sondern auch ein geistig-seelisches Wahrnehmungsorgan, das dem Ich zur Verfügung steht und es mit dem Leib verbindet. Es macht uns empfänglich für den Unterschied zwischen dem, was im Absterben begriffen ist (eine innere Kälte-Empfindung), und dem, was lebenskräftig und entwicklungsfähig ist (Wärme-Empfindung). Unser Ich ist selbst ein Wärmewesen, das seine eigene Entwicklung mit der Entwicklung des großen Ganzen verbinden will. Das Herz vermittelt auch diesen Zusammenhang, wahrnehmend und ausgleichend. In der Verbindung der Wärme des Herzens mit dem Licht der Aufmerksamkeit entspringt eine Quelle der Gesundung, die uns durch die kritische Phase der Erkrankung, die unsere Menschlichkeit auf die Probe stellt, hindurch hilft. Diese Krankheit soll nicht zum Tode führen, sondern zum Offenbar-Werden des schöpferischen Lebens im Ich. Es besteht eine berechtigte Hoffnung, dass aus diesem eine neue soziale Kultur des Herzens hervorgehen wird.

# Anmerkungen

1 Rudy Vandercruysse, *Ich und mehr als ich. Grundübungen einer Kultur der Selbstführung*, Menon Verlag, Heidelberg 2011.

2 Rudy Vandercruysse, *Wo bist du? Der Weg des Menschen und die innere Praxis der Selbstführung*, Freies Geistesleben, Stuttgart 2021.

3 Paul Celan, *Gedichte I*, Suhrkamp, Frankfurt am Main 1991, S. 37.

4 Zitiert nach W.-U. Meyer, A. Schützwohl, R. Reisenzein, *Einführung in die Emotionspsychologie. Band I*, Huber, Bern/Göttingen 1997, S. 15.

5 Andrea Camilleri, *Das Paradies des kleinen Sünders*, BLT, Bergisch Gladbach 2002, S. 12.

6 Rudy Vandercruysse, *Die therapeutische Dimension des Denkens. Anthroposophische Aspekte zur Psychoanalyse*, Verlag Freies Geistesleben, Stuttgart 1999.

7 Nach Max Scheler, *Liebe und Erkenntnis*, Francke, Bern/München 1970, S. 5. Siehe auch: Rudy Vandercruysse, «Das Verhältnis von Liebe und Erkenntnis. Eine menschheitsgeschichtliche Frage», in: Thomas Kracht (Hrsg.), *Erkennen und Wirklichkeit. Zum Studium der «Philosophie der Freiheit» Bd. II*, Verlag Freies Geistesleben, Stuttgart 2001, S. 205-212.

8 So charakterisiert Rudolf Steiner die Anthroposophie selbst: «Anthroposophie ist ein Erkenntnisweg, der das Geistige im Menschenwesen zum Geistigen im Weltenall führen möchte. Sie tritt im Menschen als Herzens- und Gefühlsbedürfnis auf …», in: *Anthroposophische Leitsätze*, GA 26, Dornach 1971, S. 14.

9 Danah Zohar, Ian Marshall, *SQ. Spirituelle Intelligenz*, Scherz, Bern/München/Wien 2000.

10 Daniel Goleman, *EQ. Emotionale Intelligenz*, dtv, München 1997.

11 Ausführlicher zur «Wirklichkeitskrise»: Karl-Martin Dietz, *Die Suche nach Wirklichkeit. Bewusstseinsfragen am Ende des 20. Jahrhunderts*, Verlag Freies Geistesleben, Stuttgart 1988.

12 Daniel Goleman, *EQ². Der Erfolgsquotient*, dtv, München 2000.

13 Rudolf Steiner Gesamtausgabe (im Folgenden mit GA abgekürzt), Band Nr. 4: *Die Philosophie der Freiheit*, Dornach ¹³1973, S. 143.

14 Zitiert nach Goleman 1997, (Anm. 10), S. 9.

15 Für die deutsche Übersetzung siehe Anm. 10.

16 Fritz Stemme, *Die Entdeckung der Emotionalen Intelligenz*, Goldmann, München 1997, S. 15.

17 Antonio R. Damasio, *Descartes' Irrtum. Fühlen, Denken und das menschliche Gehirn*, dtv, München ³1998, S. 64 ff. und S. 87.

18 Howard Gardner, *The Mind's New Science. A History of the Cognitive Revolution*, Basic Books, New York 1985.

19 Peter Salovey, John D. Mayer, «Emotional Intelligence», in: *Imagination, Cognition and Personality*, 9, 1990, S. 185-211.

20 Bruder Klaus von Flüe, *Rat aus der Tiefe*, Benziger Verlag, Zürich/Düsseldorf 1999, S. 121.

21 Goleman 1997 (Anm. 10), S. 86 f., wie auch die folgenden Zitate.

22 Ebd, S. 69.

23 Siehe Anmerkung 12.

24 Daniel Goleman, Richard Boyatzis, Annie McKee, *Emotionale Führung*, Econ/Ullstein/List, München 2002.

25 Das Konzept der «dialogischen Führung» von Karl-Martin Dietz und Thomas Kracht versucht diesen Forderungen gerecht zu werden. Karl-Martin Dietz, Thomas Kracht, *Dialogische Führung. Grundlagen-Praxis. Fallbeispiel: dm-drogerie markt*, Campus, Frankfurt am Main/New York 2002.

26 Goleman 1997 (Anm. 10), S. 19.

27 Für den Unterschied und die These, dass wissenschaftliche Empirie unser Vertrauen in die personale Perspektive nicht anzutasten braucht, siehe Peter Goldie, *The Emotions. A Philosophical Exploration,* Clarendon Press, Oxford 2000, z. B. S. 1 f. und 103 f. (Diesen Hinweis verdanke ich meinem am 2. November 2021 verstorbenen Freund Patrick Delaere.)

28 Goleman 1997 (Anm. 10), S. 34.

29 Ebd., S. 21.

30 Zum Beispiel bereits John Eccles, *Wie das Selbst sein Gehirn steuert*, Piper, München 1994. Vgl. auch Gerald Hüther, «Wer plastiziert das menschliche Gehirn?», in: *a tempo*, Nr. 49, Januar 2004, und seine Bücher: *Bedienungsanleitung für ein menschliches Gehirn*, Vandenhoeck u. Ruprecht, Göttingen [4]2004 und *Die Macht der inneren Bilder*, ebd. 2004. Siehe ebenfalls die Serie: «Geist, Gehirn und Bewusstsein», in: *Die Drei*, ab Nr. 2005/2.

Eine kritische Betrachtung von Golemans Konzept aus einer akademisch-wissenschaftlichen Perspektive findet sich in Georg Schryögg/Jörg Sydow (Hrsg.), *Emotionen und Management. Managementforschung 11*, Gabler Verlag, Wiesbaden 2001, S. 135-170: Barbara Sieben, «Emotionale Intelligenz. Golemans Erfolgskonstrukt auf dem Prüfstand». Auch hier wird darauf hingewiesen, dass die neurowissenschaftlichen Ergebnisse weniger eindeutig sind, als Goleman suggeriert. Weiter heißt es u.a.: «So wäre zum Beispiel zu bedenken, ob eine biologistische Erklärung von Emotionen ... der Managementforschung zuträglich ist oder nicht eher dem mechanistischen Bild des homo oeconomicus lediglich eine neue – emotionale – Facette hinzufügt ... Auch gilt es zu betrachten, in welcher Weise hier über die Zu- und Beschneidungen Emotionen in die richtigen, ökonomisch bewertbaren Bahnen gelenkt werden ..., oder ob solch ein Gewicht auf Emotionsregulierung diesen komplexen menschlichen Phänomenen und ihrem individuellen Erleben gerecht wird» (S. 165).

31 Hilde Domin, *Das Gedicht als Augenblick der Freiheit. Frankfurter Poetik-Vorlesungen*, Fischer Tb, Frankfurt am Main [3]1993, S. 42.

32 Hermann Berger, Zur Vorgeschichte der «Sechs Nebenübungen» in: *Mitteilungen aus der anthroposophischen Arbeit in Deutschland*, IV/1996, Nr. 198, S. 310-318.

33 Karl-Martin Dietz, «Sachlichkeit. Aspekte und Konsequenzen der sogenannten Nebenübungen am Beispiel der ‹Gedankenkontrolle›», in: *Konturen 7, Wege des Denkens*, Menon, Heidelberg 1996, S. 11-54.

34 Donna Tartt, *Die geheime Geschichte*, Goldmann, München 1995 Tb, S. 36.

35 Rudolf Steiner, *Die Geheimwissenschaft im Umriss*, GA 13, Dornach 1939, S. 329.

36 James Joyce, *Ulysses*, Suhrkamp, Frankfurt am Main 1996 (Tb), S. 956 f.

37 Siehe Vandercruysse 1999 (Anm. 6), S. 85 ff. und S. 118 ff.

38 Rudolf Steiner, *Vor dem Tore der Theosophie*, GA 95, Dornach $^{4}$1990, S. 117.

39 Rudolf Steiner, *Die Stufen der höheren Erkenntnis*, GA 12, Dornach $^{7}$1993, S. 30f.

40 J. W. Goethe, *Sämtliche Werke in 18 Bänden*, Band 3, Artemis/dtv, Zürich/ München 1977, S. 278.

41 GA 13, S. 336.

42 Rudolf Steiner, *Natur- und Geistwesen – ihr Wirken in unserer sichtbaren Welt*, GA 18, Dornach $^{2}$1996, S. 33.

43 Rudolf Steiner, *Aus den Inhalten der esoterischen Stunden, Band I*, GA 266/1, Dornach 1995, S. 23.

44 A. a. O. (Anm. 38), S. 118.

45 A. a. O. (Anm. 41), S. 202.

46 Rudolf Steiner, «Nervosität und Ichheit», München, 11. Januar 1912 (in: *Erfahrungen des Übersinnlichen*, GA 143, Dornach $^{4}$194). Siehe auch Vandercruysse 1999, Kap. 6.

47 A. a. O. (Anm. 35), S. 332.

48 Siehe Vandercruysse 1999 (Anm. 6), S. 94 ff., und Thomas Kracht (Hrsg.), *Erfahrung des Denkens. Zum Studium der Philosophie der Freiheit, Bd. I*, Verlag Freies Geistesleben, Stuttgart 1996, S. 252.

49 A. a. O. (Anm. 35), S. 333.

50 Ich vermute, dass dies ein Wort J. G. Fichtes ist. Die Stelle ließ sich bisher jedoch nicht finden.

51 A.a.O. (Anm. 38), S. 118.

52 Rudolf Steiner, *Die Welträtsel und die Anthroposophie*,GA 54, Dornach $^{2}$1983, S. 214.

53 A.a.O. (Anm. 39), S. 32.

54 Rudolf Steiner, *Seelenübungen*, GA 267, Dornach 1997, S. 58.

55 Ebd.

56 Günter Scheich, *Positives Denken macht krank. Vom Schwindel mit gefährlichen Erfolgsversprechen*, Eichborn Verlag, Frankfurt am Main 1997.

57 2002 erschien das erste Handbuch für «positive Psychologie»: C. R. Snyder, Shane J. Lopez (Eds.), *Handbook of positive Psychology*, Oxford University Press, New York 2002. Zur Salutogenese siehe A. Antonovsky, *Salutogenese. Zur Entmystifizierung der Gesundheit*, Deutsche Gesellschaft für Verhaltenstherapie, Tübingen 1997. Siehe auch Michaela Glöckler, «Salutogenese. Wo liegen die Quellen leiblicher, seelischer und geistiger Gesundheit?», Heft 5 der *Aktuellen Themen*, Verein für Anthroposophisches Heilwesen (Hrsg.), Bad Liebenzell 2001, und *Die Drei*, 2004/8-9.

58 J. W. Goethe, *Sämtliche Werke in 18 Bänden*, Band 3, Artemis/dtv, Zürich/München 1977, S. 454.

59 A.a.O. (Anm. 35), S. 335.

60 Friedrich Nietzsche, *Sämtliche Werke*, Kritische Studienausgabe, Band 3, dtv, München 1980, S. 649.

61 Rudolf Steiner, *Wie erlangt man Erkenntnise der höheren Welten?*, GA 10, Dornach 1993, S. 129.

62 A.a.O. (Anm. 39), S. 33.

63 A.a.O. (Anm. 61), S. 129.

64 Der Begriff der «moralischen Fantasie», den wir hier nicht weiter erörtern können, stammt aus Rudolf Steiners *Philosophie der Freiheit*, GA 4, Kap. 12 und 13. Siehe auch *Wo bist du?*, (Anm. 2) S. 76 ff.

65 A.a.O. (Anm. 35), S. 335.

66 Friedemann Schultz von Thun, *Miteinander Reden 2. Stile, Werte und Persönlichkeitsentwicklung. Differentielle Psychologie der Kommunikation*, Rowohlt, Reinbek bei Hamburg 1994, S. 38 ff.

67 A.a.O. (Anm. 52), S. 215.

68 Siehe z.B. Hartwig Schiller (Hrsg.): *Innere Aspekte der Konferenz-*

*gestaltung. Übungsansätze, Perspektiven, Erfahrungen.* Verlag Freies Geistesleben, Stuttgart 2002, S. 159-169.

69 Zum Beispiel im ersten Vortrag über *Anthroposophische Gemeinschaftsbildung*, GA 257, Dornach 1974, S. 25. Interessanterweise hebt er dabei allerdings die Unbefangenheit hervor.

70 A.a.O. (Anm. 61), S. 129.

71 A.a.O. (Anm. 42), S. 33.

72 A.a.O. (Anm. 61), S. 128.

73 Interessanterweise gibt Rudolf Steiner Anregungen zu «sozialen Übungen», die sich ebenfalls «nur» in der Rückschau, im inneren Vorstellungsraum abspielen. Siehe z.B. *Die soziale Grundforderung unserer Zeit,* GA 186, Dornach 1965, S. 170 ff.

74 Václav Havel in: *Deutscher Bundestag, Ansprachen aus Anlass der deutsch-tschechischen Erklärung*, Bonn 1997, S. 13f.

75 A.a.O. (Anm. 35), S. 336.

76 A.a.O. (Anm. 52), S. 215.

77 A.a.O. (Anm. 54), S. 60.

78 Teplitzer Fragmente Nr. 62 in: Novalis, *Aphorismen*, Insel Tb, Frankfurt am Main 1992, S. 86.

79 Erik Fosnes Hansen, *Choral am Ende der Reise*, S. Fischer, Frankfurt am Main 2001, S. 400-408.

80 Auf diesen wichtigen Unterschied zwischen «Emotionen» und «emotionalen Episoden» bin ich durch Peter Goldie aufmerksam geworden (s. Anm. 27).

81 Vgl. z. B. Dan P. McAdams, *The stories we live by. Personal Myths and the Making of the Self*, Guilford Press, New York/London 1993. Für eine schnellere Orientierung siehe Heiko Ernst, «Ein neuer Blick auf das eigene Leben», in: *Psychologie heute*, 29/6, Beltz, Weinheim, Juni 2002, S. 20-27.

82 A.a.O. (Anm. 79), S. 373 f.

83 Ebd., S. 40 ff.

84 A.a.O. (Anm. 35), S. 332.

85 Der Unterschied zwischen «Gefühl» und «Emotion» – wie ich ihn

handhabe – mag mittlerweile klar sein. Zur Sicherheit: «Emotion» wird heute meistens als übergreifende Bezeichnung im Sinne einer Syndromdefinition benutzt, d.h. sie umfasst Kognitionen, Motivationen, Ausdrucksmomente, physiologische Veränderungen (mit evtl. dazugehörigen Körperempfindungen) und Gefühlserlebnisse. Die Gefühlserlebnisse im engeren Sinne sind die bewusste seelische Komponente, die intentional weltbezogen ist und das psychologische Zentrum einer Emotion bildet. Mit Peter Goldie kann man Emotionen (wie Eifersucht) von emotionalen Episoden (wie Unruhe, Schrecken, Wut etc. im Rahmen einer Emotion) unterscheiden. Eine «Stimmung» wird meistens durch ihre Objekt-Unspezifizität charakterisiert: Im Unterschied zur Furcht (vor Wildschweinen z. B.) hätte eine Angststimmung kein identifizierbares Objekt. Das scheint einleuchtend. Man darf jedoch nicht vergessen, dass man Angst als bezogen auf ein sehr umfassendes «Objekt» verstehen kann (etwa die Existenz, die gesamte Lebens- oder Erkenntnislage). Und eine Stimmung kann leicht in ein Gefühl und umgekehrt übergehen, z. B. wenn in einer ängstlichen Stimmung plötzlich ein Geräusch hörbar wird oder eine überstandene Gefahr die Lebensstimmung nachhaltig beeinflusst. Es sei noch darauf hingewiesen, dass in Fachveröffentlichungen bisher kein Sprachkonsens gefunden wurde, so dass man sich immer von der Bedeutung eines bestimmten Terminus vor Ort vergewissern muss. Aus unserer praktischen Perspektive der Selbstführung sind manche Begriffsunterschiede nicht lebensentscheidend. Das verhindert nicht, dass eine weitere menschenkundliche Klärung der betreffenden Phänomene wünschenswert ist.

86 A.a.O. (Anm. 35), S. 332.

87 Ebd., S. 334.

88 A.a.O. (Anm. 39), S. 32.

89 Bilder haben immer eine beschränkte Gültigkeit je nach ihrem Bezugspunkt. So kann der beruhigte «Innenraum-hoch-zwei» wieder durch das Bild der «Meeresstille» charakterisiert werden. Vom Standpunkt des Erlebens her kann der umgebende oder darunterlie-

gende seelische Raum vollständig aus dem Bewusstsein verschwunden sein, genau wie der äußere Raum mit seinen Sinnesreizen auch. Es ist aber auch möglich, sich in meditativer Geisteshaltung dem eigenen Seelenraum (wie auch der Sinneswelt) zuzuwenden.

90 A.a.O. (Anm. 42), S. 33.

91 Rudolf Steiner, *Theosophie*, Dornach [30]1978, S. 188.

92 Rudolf Steiner, *Das Geheimnis der Trinität*, GA 214, Dornach 1970, S. 126.

93 Carola Meier-Seethaler, *Gefühl und Urteilskraft. Ein Plädoyer für die emotionale Vernunft*, C. H. Beck, München 1997.

94 Siehe auch Rolf Lachmann, Susanne K. Langer. *Die lebendige Form menschlichen Fühlens und Verstehens*, W. Fink, München 2000, S. 62 ff.

95 A.a.O. (Anm. 35), S. 296 f. «Aus solchen Einflüssen heraus entstand ein Seelenzwiespalt in den Menschen der fünften Kulturepoche, der gegenwärtig noch fortdauert und sich in den mannigfaltigsten Erscheinungen des Lebens zeigt. Die Seele behielt von den alten Zeiten her den *Zug zum Geistigen* nicht so stark, dass sie den Zusammenhang zwischen der geistigen und der sinnlichen Welt hätte festhalten können. Sie behielt ihn nur als Gefühls- und Empfindungszug, nicht aber als unmittelbares Schauen der übersinnlichen Welt. Dagegen wurde der Blick des Menschen auf die sinnliche Welt und ihre Beherrschung immer mehr hingelenkt. Und die in der letzten atlantischen Zeit erwachten Verstandeskräfte, alle die Kräfte im Menschen, deren Instrument das physische Gehirn ist, wurden auf die Sinneswelt und deren Erkenntnis und Beherrschung hin ausgebildet. Zwei Welten entwickelten sich gewissermaßen in der Menschenbrust. Die eine ist dem sinnlich-physischen Dasein zugekehrt, die andere ist empfänglich für die Offenbarung des Geistigen, um dieses mit Gefühl und Empfindung, doch ohne Anschauung zu durchdringen.»

*Mit Zug zum Geistigen* ist die dynamische Kraft im Gefühlsleben gemeint, die die Seele zum Geistigen «zieht».

96 Paul Celan, «Von Schwelle zu Schwelle», in: Paul Celan, *Die Gedichte.*

*Kommentierte Gesamtausgabe*, Suhrkamp, Frankfurt am Main 2003, S. 72.

97 Ebd., S. 184

98 H.-G. Gadamer, *Wer bin ich und wer bist Du?*, Suhrkamp, Frankfurt am Main 1986, S. 154.

99 A.a.O. (Anm. 54), S. 500 ff.

100 Ebd., S. 49 ff. Ich möchte hier auf das schöne Buch von Martina Maria Sam hinweisen, *Im Ringen um eine neue Sprache. Rudolf Steiners Sprachstil als Herausforderung*, Verlag am Goetheanum, Dornach 2004, i. B. Kap. 6.

101 A.a.O. (Anm. 35), S. 309 ff.

102 Fußnote Rudolf Steiners: «Es kommt nicht darauf an, inwiefern diese oder jene naturwissenschaftliche Vorstellung die obigen Gedanken berechtigt findet oder nicht. Denn es handelt sich um die Entwickelung solcher Gedanken an Pflanze und Mensch, welche, ohne alle Theorie, durch eine einfache, unmittelbare Anschauung gewonnen werden können. Solche Gedanken haben ja doch auch ihre Bedeutung neben den in anderer Beziehung nicht minder bedeutsamen theoretischen Vorstellungen über die Dinge der Außenwelt. Und hier sind die Gedanken nicht dazu da, um einen Tatbestand wissenschaftlich darzustellen, sondern um ein Sinnbild aufzubauen, das sich als seelisch wirksam erweist, gleichgültig, welche Einwände dieser oder jener Persönlichkeit einfallen bei dem Aufbau dieses Sinnbildes.»

103 Rudolf Steiner, *Anweisungen für eine esoterische Schulung*, GA 245, Dornach 1979, S. 21.

104 A.a.O. (Anm. 61), Tb., S. 43.

105 Für eine ausführliche Charakterisierung siehe Rudolf Steiner, *Anthroposophie – Psychosophie – Pneumatosophie*, GA 115, Dornach [3]1980, S. 156 ff.

106 A.a.O. (Anm. 61), Tb., S. 47, Anmerkungen.

107 A.a.O. (Anm. 35), S. 314 f.

108 Heinz Zimmermann und Robin Schmidt, *Anthroposophie studieren. Zum selbstständigen Umgang mit dem Werk Rudolf Steiners in Ein-*

*zelstudium und Gruppen*, Verlag am Goetheanum, Dornach 1998, S. 40-50.

109 A.a.O. (Anm. 103), Ausgabe von 1987, S. 80.

110 A.a.O. (Anm. 35), S. 359 ff. und S. 368 f. Diese zwei zusätzlichen Schritte können als eine sechste und siebente Stufe – nach dem Aufbau (in vier Schritten) und der Versenkung – betrachtet werden. Das bietet eine Möglichkeit, auch mit der Zahl sieben (der roten Rosen) etwas zu verbinden, das mit der menschlichen Entwicklung und Selbstverwandlung zu tun hat. Wenn man möchte: vier Rosen unter dem Balken als Sinnbild für den Aufbau, drei über ihm als Sinnbild für die Stufen der Meditation.

111 Siehe z. B. *Die Stufen der höheren Erkenntnis*, a. a. O. (Anm. 39), S. 24-35.

112 Siehe Anmerkung 2.

113 Rudolf Steiner, *Wie erlangt man Erkenntnisse der höheren Welten?*, GA 10, Tb 1987, S. 126 f. und 140 ff.

Wir danken für die freundliche Abdruckgenehmigung auf den Seiten 87-94; Erik Fosnes Hansen, *Choral am Ende der Reise*, in der Übersetzung von Jörg Scherzer.


Der zitierte Wortlaut Rudolf Steiners folgt der im Rudolf Steiner Verlag erscheinenden Gesamtausgabe (GA). Der Abdruck erfolgt mit freundlicher Genehmigung der Rudolf Steiner Nachlassverwaltung, Dornach/Schweiz.

Rudy Vandercruysse

## Wo bist du?

### Der Weg des Menschen und die innere Praxis der Selbstführung

ISBN 978-3-7725-0949-0
117 Seiten, kartoniert

Wer bin ich im Kern meines Wesens? Und wie kann ich meine persönliche Befindlichkeit durchdringen, um mich über mich hinaus zu einem sinnerfüllten Leben in der Welt der Gegenwart zu führen?

Angeregt durch Martin Bubers Buch ›Der Weg des Menschen‹ charakterisiert Rudy Vandercruysse einen Übungsweg allgemein-menschlicher Art, der voraussetzungslos und unabhängig von Glaubensbekenntnissen begangen werden kann.

Verlag Freies Geistesleben

Rudy Vandercruysse

## Die therapeutische Dimension des Denkens

### Anthroposophische Aspekte zur Psychoanalyse

ISBN 978-3-7725-1855-3
192 Seiten, kartoniert

Rudy Vandercruysse stellt die zahlreichen, weit verstreuten Aussagen Rudolf Steiners zur Psychoanalyse zusammen und macht sie im Kontext des Steinerschen Werkes verständlich. Aus dieser Übersicht heraus wird auch das anthroposophische Anliegen im Bereich der Psychologie verständlich; Steiners Äußerungen lenken die Aufmerksamkeit immer wieder auf die zentrale Bedeutung des Denkens für die seelische Gesundheit.

Um der Gefahr einer zunehmenden Dissoziation der verschiedenen Seelenkräfte entgegenzuwirken, ist ein Ich-Erlebnis wichtig, das in der eigenen Denktätigkeit gründet. Wie die Ich-Aktivität gestärkt und das therapeutische Element des Denkens gefördert werden kann, zeigt Rudy Vandercruysse an praktischen Übungen.

Verlag Freies Geistesleben

Wolf-Ulrich Klünker, Johannes Reiner,
Maria Tolksdorf, Roland Wiese

## Psychologie des Ich

### Anthroposophie, Psychotherapie

ISBN 978-3-7725-2741-8
187 Seiten, kartoniert

Gibt es eine eigene Psychologie des Ich? Welche Einsichten und Impulse könnten von einer solchen für die psychotherapeutische Praxis ausgehen? Die Autoren zeigen, wie sich aus der Perspektive der anthroposophischen Menschenkunde Strukturen und Dimensionen einer Ich-Differenzierung ergeben, die für eine zukunftsfähige Psychologie und für die psychotherapeutische Arbeit relevant sind.

Verlag Freies Geistesleben

Johannes Reiner

## Sieben Schritte der Selbstwerdung

Inspirationen für die Psychotherapie

ISBN 978-3-7725-2867-5
143 Seiten, gebunden mit Schutzumschlag

Goethes *Märchen von der grünen Schlange und der schönen Lilie* ist vieldeutig und geheimnisvoll. Als Psychiater und Psychotherapeut auf der Suche nach einer Gesamtgestalt für eine psychotherapeutische Vorgehensweise, zeigte sich dem Autor darin ein siebenstufiger Entwicklungsweg zur Selbstwerdung, der sich als Metaebene der inneren Weiterentwicklung eignet. Die beschriebene Vorgehensweise ist ein integrativer Behandlungsansatz – basierend auf Anthroposophie –, der ein strukturelles Vorgehen in einer psychotherapeutischen Behandlung ermöglicht, die den Menschen als Mikrokosmos in Zusammenhang mit seinen eigenen seelischen Gesetzmäßigkeiten und Dynamiken erfasst und zudem – sonst wäre sie keine anthroposophische Vorgehensweise, die Weltenkräfte des Makrokosmos einbezieht.

Verlag Freies Geistesleben